# SCHATZ DU NERVST!

Wie sich Paare besser verstehen

# INHALTSVERZEICHNIS

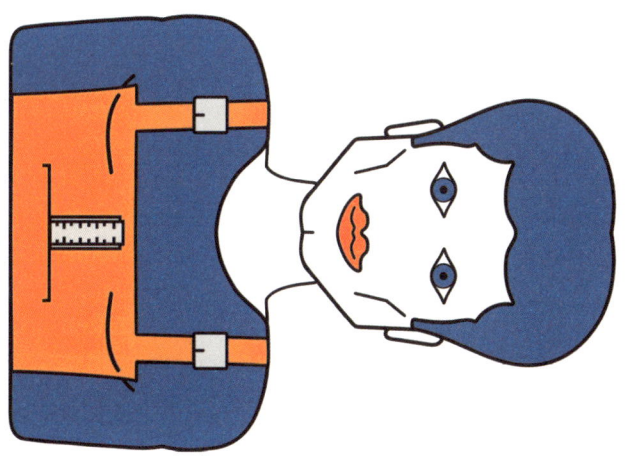

# EINFÜHRUNG

Das Büffet ist eröffnet!

## KOMMT IHNEN DAS BEKANNT VOR?

Wünschen Sie sich manchmal in Ihrer Beziehung eine Fernbedienung, um das unerwünschte und nervige Verhalten Ihres Partners oder Ihrer Partnerin abzuschalten oder zu ändern? Das Programm einfach nach Belieben von Drama auf Liebesfilm umzuschalten, oder – wie bei Werbepausen im Fernsehen – kurz weg zu zappen, um Wunschprogramm statt Frustprogramm zu sehen? Möchten Sie einfach mal den Ton abstellen, oder von Rosamunde Pilcher und Krimi zu Formel 1 oder Fußball umschalten? Wollen Sie einfach mal etwas leiser stellen, wenn das Gemecker zu laut und unangenehm wird? Auch geliebte Wiederholungen, wie zum Beispiel „Hast du schon wieder...?" oder „Immer musst du...!" könnten Sie damit gut abschalten. Und nach Verrauchen des Frustes können Sie dann zum Harmonie- und Kuschelprogramm zurückschalten.

Diese ultimative Beziehungskrisen-Fernbedienung wäre sicher der Renner!

Um diese zu ergattern, würden auch wir heute noch zum Elektrohandel aufbrechen!

Ohne diese Science-Fiktion Fernbedienung bleibt uns jedoch nichts anderes übrig, als andere Wege zu gehen. Was nervt uns und welchen Weg können wir einschlagen? Wie damit umgehen, wenn die Zahnpasta-Tube offen bleibt und uns der Kragen platzt? Was tun, wenn wir vor Zorn kochen, weil das Auto mit leerem Tank in der Garage steht?

Wir reagieren, wenn wir uns ärgern über Fragen wie „Liebst du mich noch?" oder „Was denkst du gerade?". Die Liste ist beliebig erweiterbar und Sie können sicherlich einige ganz besondere Beispiele ergänzen. Die Reaktionen auf diese allzu bekannten Worte, Sätze, Fragen und Eigenheiten sind bestens eingeübt und werden schlafwandlerisch ausgeführt. Daraus entwickelt sich dann eine Dynamik, die oftmals kaum zu stoppen ist.

Stellen Sie sich vor, Sie stellen Ihr Auto in eine abschüssige Straße. Sie legen weder den Gang ein, noch ziehen Sie die Handbremse. Kein Problem, wenn Sie noch im Auto sitzen und bemerken, dass das Auto rollt. Sie ziehen einfach die Handbremse. Wunderbar. Nichts passiert. Keiner hat es bemerkt und es ist kein Schaden entstanden.

Wenn Sie aber bereits ausgestiegen sind, das Auto langsam zu rollen anfängt, hilft nur noch ein beherzter Sprung ins Auto und schnell die Handbremse ziehen. Rollt das Auto bereits mit hoher Geschwindigkeit, bleibt Ihnen nur noch die Möglichkeit die Fußgänger mit Schreien und Winken zu warnen und zu hoffen, dass jeder sich in Sicherheit bringt.

Genauso läuft es in unseren Beziehungen. Ein unbedacht ausgesprochener Satz oder eine unüberlegte Antwort führt dazu, dass aus dem wunderbaren gemeinsamen Abend ein eisiges Nebeneinander oder ein heftiger Streit entsteht. Wir diskutieren heftig oder wir ziehen uns beleidigt zurück. Wann und wie können wir die Handbremse ziehen, um noch rechtzeitig zu vermeiden, dass ein Streit unaufhaltsam ins Rollen kommt?

*Beziehungen scheitern nicht aus Mangel an Liebe, sondern aus Mangel an Wissen!*

Beziehungen scheitern nicht an Mangel aus Liebe, sondern aus Mangel an Wissen! Wer unterrichtet uns denn, wie das Miteinander und die Kommunikation in der Partnerschaft gelingen? Bleiben wir beim Auto als Beispiel: Um überhaupt ein Auto fahren zu dürfen, braucht man einen Führerschein, für den man in Theorie- und Praxisübungen vieles lernt und ausführlich übt. Wir behaupten nicht, dass Beziehung immer gelingt, aber jeder kann etwas dazu beitragen, dass es möglich wird. Und genau dort setzt dieses Buch an: Sie können Ihren Führerschein für Kommunikation erwerben oder einfach nur Ihr Wissen auffrischen. Wir sagen Ihnen auch, wann es sinnvoll ist, ein paar extra Fahrstunden zu nehmen, um im unwegsamen Gelände sicher anzukommen. Auch bieten wir Ihnen einige Übungsplätze für besondere Situationen und zeigen Ihnen auf, welchen Fahrstil Sie haben. Wir bieten Ihnen ein Fahrsicherheitstraining für eine gute Straßenlage auch bei schwierigen Straßenverhältnissen. Und Sie sitzen am Steuer und entscheiden, wo es lang geht.

Hier nun ein kurzer Überblick, was Sie in diesem Buch erwartet: Zunächst werden wir uns anschauen, welche Bedeutung unsere Gefühle und Bedürfnisse für unser Zusammenleben haben und wie wir diese für uns nutzen können. Danach werden wir erklären, wie uns unsere Wahrnehmung austrickst und was das mit unseren Beziehungen zu tun hat. Wir werden die Grundmerkmale der Kommunikation aufzeigen: Was hören unseren Ohren? Wie bringen wir unsere Botschaft freundlich und konkret rüber, damit ein Gespräch gelingt? Schließlich erfahren Sie, wie Kommunikation hilft, den Weg aus Missverständnissen und Streit zu finden. Zahlreiche Übungen sind zudem zur Vertiefung eingefügt. Auf der Seite www.schatz-du-nervst.de finden Sie weitere Informationen und hilfreiche Ergänzungen.

Wir bieten Ihnen eine Werkzeugkiste und leiten Sie an, wie Sie diese nutzen können.

## GEBRAUCHSANWEISUNG FÜR
## DIE WERKZEUGKISTE 1.2

Ob Sie die Werkzeuge nun alle oder nur einzeln nutzen und wie Sie diese hilfreich verwenden, das erfahren Sie hier:

Stellen Sie sich ein Büffet vor, angefüllt mit lauter Leckereien. Sie schlendern mit Ihrem leeren Teller entlang. Da gibt es Leckereien, die Sie lieben, da werden Sie beherzt zugreifen. Von Neuem und Unbekanntem werden Sie vielleicht eine kleine Menge zum Probieren auf Ihren Teller laden. Und dann gibt es sicherlich Dinge, von denen Sie genau wissen, dass Sie diese nicht mögen. Die werden Sie nicht anrühren. Und genauso bitten wir Sie mit diesem Buch zu arbeiten. Sie werden das sicher richtig für sich entscheiden. Haben Sie nun Appetit bekommen? Das Büffet ist eröffnet!

*Das Büffet ist eröffnet*

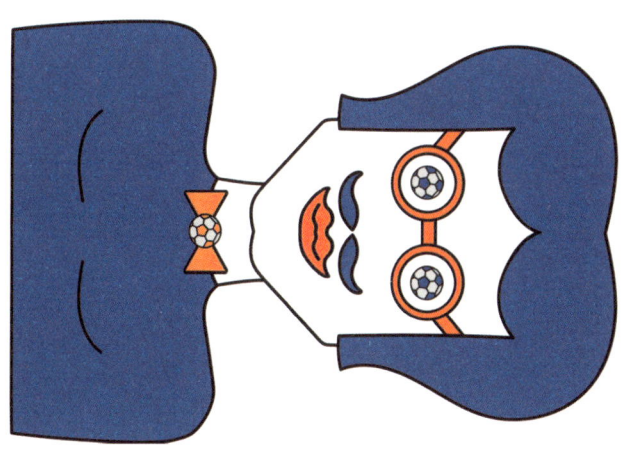

# DER ERSTE SCHRITT

in eine positive Zukunft des Verstehens

**2.0**

Jede große Veränderung beginnt mit einem ersten kleinen Schritt. Im folgenden Kapitel geht es zunächst um das Phänomen der rosaroten Brille. Dann erfahren Sie, warum Vorsorgen besser ist als Nachsorgen. Zuletzt planen wir einen ersten kleinen Schritt, um uns zukünftig als Paar besser zu verstehen.

**2.1    DIE ROSAROTE BRILLE**

Denken sie doch mal zurück, an die ersten Tage, als Sie sich kennenlernten. Ihr Herz schlug bis zum Hals. Sie hatten Schmetterlinge im Bauch und an Schlafen war nicht zu denken. Ihre Gedanken drehten sich nur um Ihren Schatz. Es gab nichts Wichtigeres, als dem Traummann oder der Traumfrau jeden Wunsch von den Augen abzulesen. Haben Sie, liebe Männer, nicht alles getan, um Ihre Partnerin auf Rosen zu betten? Haben Sie, statt mit einer Flasche Bier mit Freunden vor dem Fernseher zu fläzen und Fußball zu schauen, sie liebevoll im Arm gehalten beim Kinoklassiker „Vom Winde verweht"? Klapperten Sie alle Schuhläden der Stadt mit ihr ab?

Oder Sie, liebe Frauen, haben Sie auch ganz verzückt bei der Motorradreparatur zugeguckt? Und haben Sie auch bei 30 Grad, statt gemütlich mit einem Buch am See zu liegen, den Traummann auf dem Fußballplatz angefeuert?

Was haben Sie alles für Ihren Traumpartner getan und er für Sie? Alles an ihm war umwerfend und der Schatz war ohne Fehler. Alles passte. Doch – und das ist uns allen rational ganz klar – die Zeiten ändern sich. Der Alltag schleicht sich langsam in unser gemeinsames Leben und die rosarote Brille bleibt immer öfter im Etui. Oder auch naturwissenschaftlich erklärt: Der Hormoncocktail im Körper verändert sich. Die Gehirnforschung stellt alles auf den Kopf: Wir sagen zwar, „Ich liebe dich von ganzem Herzen" und gleichzeitig liest man, dass Liebe keine Herzensangelegenheit ist, sondern sich im Gehirn abspielt:

Sind wir verliebt, reagiert das Gehirn wie bei Süchtigen. Der Schatz wird zum Suchtobjekt. Und schon ein Bild des Liebsten reicht, um das Belohnungszentrum im Gehirn zu aktivieren. Wir sind glücklich, wenn wir nur an ihn oder sie denken. Gleichzeitig wird der Bereich, der für rationale Entscheidungen zuständig ist, gehemmt.

„Liebe macht blind" heißt es ja bekanntlich im Volksmund. Hormone und Botenstoffe sind der Auslöser für unsere Liebesgefühle. Dies sind vor allem die Schilddrüsen-, Stress- und Geschlechtshormone. Da ist das „Kuschelhormon" Oxytocin, das Stresshormon Adrenalin und das männliche Geschlechtshormon Testosteron. Adrenalin lässt das Herz höher schlagen. Testosteron lässt uns sexuell aktiv werden. Oxytocin schafft Vertrauen und Bindungsfähigkeit. Der Botenstoff Serotonin sinkt wie bei Zwangskranken und der Botenstoff Dopamin aktiviert wie bei Suchtkranken das Belohnungszentrum im Gehirn.

Nach einiger Zeit lässt der Effekt nach, den der Liebste auf unser Belohnungszentrum im Gehirn hat. Es werden weniger Hormone ausgeschüttet und Botenstoffe aktiviert bzw. sogar deaktiviert. Die Verliebtheit lässt nach. Wir spüren keine Schmetterlinge mehr und das Herz schlägt wieder normal. Der Kopf wird klar und die rosarote Brille verschwindet.

*„Liebe macht blind"*

## VORSORGEN STATT NACHSORGEN

Was passiert nun, wenn die Partner die Brille der Verliebtheit abnehmen? Wenn der Hormonrausch vorüber ist und wir den Partner so sehen, wie er wirklich ist. Mit Ecken und Kanten, mit Eigenschaften, die wir nicht mögen oder die wir sogar absolut nicht ausstehen können. Und wenn auch wir so gesehen werden, wie wir wirklich sind? Handeln Sie, bevor es zu spät ist. Angenommen Sie haben starke Schmerzen. Warten Sie sechs Jahre, bis die Schmerzen unerträglich werden, bevor Sie zum Arzt gehen? Laut Eheberater John Gottman dauert es nämlich in der Regel genau sechs Jahre, bis unglückliche Ehepaare sich bei ernsthaften Problemen professionelle Unterstützung suchen. Wir hören von unseren Klienten sehr oft: „Hätten wir doch früher professionelle Hilfe in Anspruch genommen, dann hätten wir uns einiges erspart." Manchmal ist es dann sogar zu spät für einen gemeinsamen Weg.

Viel wichtiger ist es aus unserer Sicht vorbeugend zu handeln. Nehmen Sie das Steuer Ihres Beziehungsschiffes selbst in die Hand. Pflegen Sie es, solange Sie ruhig im Hafen liegen.

## ERSTE KLEINE SCHRITTE

Aus Erfahrung weiß ich, dass der Mensch sich erst dann auf den Weg macht, wenn er ein lohnendes Ziel vor Augen hat. Dazu ein Beispiel: Jeder Bergsteiger, der einen Gipfel erklimmen will, tut das nicht aus Jux und Tollerei. Er hat sicherlich ein lohnendes Ziel vor seinem inneren Auge. „Ich habe den 3000er geschafft." oder „Ich wollte den unvergesslichen Blick über das Tegernseer Tal genießen." oder „Ich wollte zeigen, dass ich noch nicht zum alten Eisen gehöre". Aber auch wenn ich meine Ernährung umstelle, habe ich ein Ziel vor Augen: „Den Fleischanteil reduzieren" oder „einige Kilos an Gewicht verlieren". Jetzt überlegen Sie, welches Ziel Sie für Ihre Beziehung erreichen möchten?

Möchten Sie sich besser verstehen, oder möchten Sie gemeinsam alt werden oder möchten Sie ein Fundament für die anstrengende Zeit mit Kind bauen?

Welches Ziel möchten Sie erreichen? Formulieren Sie es positiv. Stellen Sie sich die Frage, was anders wäre, wenn Sie Ihr Ziel erreichen würden.

Wer würde merken, dass Sie sich nun besser verstehen? Die Kinder, da Sie nun gemeinsam Ihre Entscheidungen vertreten oder die Freunde, weil Sie jetzt schneller eine Rückmeldung geben, ob Sie mit ins Kino gehen oder der Hund, weil Sie wieder gemeinsam mit ihm Gassi gehen. Überlegen Sie auch, wie es sich anfühlen würde, wenn sich Ihr Wunsch nach der Traumbeziehung erfüllen würde. Dafür lohnt es sich bestimmt, den ersten Schritt zu gehen.

Nun wird ja auch die Rally Paris Dakar nicht in einem Tag gefahren, sondern in Etappen. Auch beim Bergsteigen planen Sie Pausen als kleine Zwischenziele ein. Genauso ist es auch mit Ihren Zielen. Aus einzelnen Schritten werden Wege, die Sie ans Ziel bringen. Wie heißt es so schön: „Alle Wege führen nach Rom. Doch wer nicht losgeht, kommt nie an." Welchen ersten Schritt wollen Sie gehen? Sobald Sie im Buch auf etwas Interessantes stoßen, setzen Sie es um. Am besten sofort.

*Dafür lohnt es sich bestimmt, den ersten Schritt zu gehen*

Wenn
Sie alles
machen wie
bisher, wird
sich nichts
verändern

Und bleiben Sie dabei, bis sich die ersten Schritte verankert haben und es zur Routine wird. Dann auf zum nächsten Schritt. Wissenschaftliche Untersuchungen haben ergeben, dass Sie in den ersten 72 Stunden starten sollten, um eine Idee, einen Rat oder einen Vorsatz umzusetzen. Sonst werden Sie es wahrscheinlich gar nicht tun. Übernehmen Sie die Verantwortung und wagen Sie die Schritte. Da hilft es nur mutig zu sein, auszuprobieren und zu üben. Denn eines ist klar, wenn Sie alles machen wie bisher, wird sich nichts verändern. Ihr Schritt in eine positive Zukunft des Verstehens beginnt jetzt.

In den folgenden Kapiteln erfahren Sie, wie Sie mit Wellen oder hohem Seegang in Ihrer Beziehung zurechtkommen.

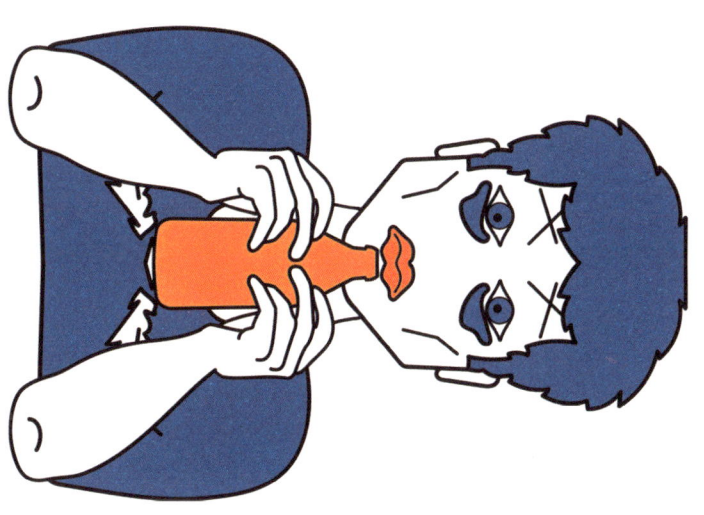

# DIE LANDKARTE DER GEFÜHLE

und Bedürfnisse

Wie beim Autofahren oder auch sonst im Leben, wenn wir uns zurechtfinden wollen, vertrauen wir auf Landkarten. Der gute alte Falk Plan oder auch das elektronische Navigationssystem werden zur Orientierung herangezogen. Eine Landkarte hilft uns den richtigen Weg zu finden. So erschaffen wir uns auch in anderen Lebenslagen unsere ganz persönlichen Landkarten: z.B. wie wir unseren Haushalt regeln oder wie wir den beruflichen Alltag organisieren. Auch für unsere Gefühle und den Umgang damit haben wir uns eine ganz individuelle Landkarte geschaffen. Wir kennen manche Gefühle gut und manche gar nicht. Bei einigen Gefühlen schlagen wir sofort uns bekannte Wege ein und für andere Gefühle haben wir noch keinen Weg gefunden.

Hierzu ein Beispiel: Angenommen Sie haben in Ihrer Jugend gelernt, dass davon zu laufen die günstigste Reaktion ist, wenn Sie Angst haben. Dann haben Sie auf Ihrer Landkarte im Laufe der Jahre eine Autobahn dafür angelegt. Die Abzweigung in Richtung „das schaffe ich schon" ist dann bei Ihnen noch nicht verknüpft mit der Erfahrung, dass es da noch alternative Routen gibt, die auf anderen Landkarten eingezeichnet sind. Das bedeutet, dass Ihr „inneres Navi" Sie in einer schwierigen Situation mit monotoner Stimme und gleichbleibender Penetranz immer wieder auf die Autobahn schickt. Sollten Sie mutig werden und Ihre Taktik ändern wollen und einmal nicht davonlaufen wollen, wird Ihr Navi trotzdem versuchen, Sie auf die Autobahn zurück zu führen: „Bei der nächsten Möglichkeit bitte wenden". Auch wenn Sie Ihren neuen Kurs halten wollen, wird Ihr Navi so schnell nicht aufgeben. Um neue Wege zu befahren, ist es daher hilfreich, die Navigationseinstellungen oder unsere inneren Landkarten noch einmal zu prüfen. Oder die Voreinstellung „immer die Autobahn benutzen" zu ändern.

So wie es zum Beispiel nicht sinnvoll ist, mit der Landkarte von Paris den Weg in Rom zu suchen, so kann es auch helfen, die berufliche Landkarte nicht im Privaten zu nutzen. Überdenken Sie, ob Ihre Landkarten, die Sie schon lange nutzen, bereits veraltet und neue Straßen noch nicht eingezeichnet sind.

In den folgenden Kapiteln überprüfen wir unsere Landkarten und schauen, wie wir unsere Gefühle nutzen können. Erst ergründen wir, was unsere Gefühle in Wallung bringt und was uns nervt. Dann erkunden wir, gleichsam wie im Fußball, unsere Heim- und Auswärtsspiele in der Beziehung. Im nächsten Kapitel „In eigener Sache oder was mir wichtig ist" erfahren Sie, wie wir unseren Bedürfnissen auf die Schliche kommen. Schließlich lernen Sie, wie Gefühle sich aufschaukeln, welche Auswirkungen es hat und was man dagegen tun kann. Im letzten Kapitel zeigen wir auf, wie Sie heftige Gefühle in gute Bahnen lenken.

## WAS NERVT? DIE KLEINEN UND GROSSEN AUFREGER IM TÄGLICHEN LEBEN 3.1

Sie hat Stress im Job. Er hat nie Zeit. Die Kinder nerven. Das nicht aufgetankte Auto, die Socken am Boden vor der Wäschetruhe, das gekippte Fenster im Winter oder die auf 5 gestellte Heizung, nicht pünktlich zum vereinbarten Termin fertig sein, die noch nicht gemachte Steuererklärung.

Kennen Sie das auch?„Kannst du mir bitte das Salz reichen?“ „Mach bitte die Musik leiser!“ „Hast du deine Eltern angerufen?“ Das alles und noch vieles mehr hören wir in unseren Seminaren.

Es gibt unzählige kleine oder große „Aufreger“ in unserem täglichen Miteinander. Manches nervt nur ein wenig, anderes bringt uns ganz aus dem Gleichgewicht. Manchmal wissen wir genau, dass es gleich wieder soweit ist: wir explodieren und schon geht der Gaul mit uns durch. Vom leichten Ärger bis zu extremer Wut ist alles drin. Manchmal werden bereits die Messer gewetzt.

## 3.2     HEIMSPIEL ODER AUSWÄRTSSPIEL

Dagmar Kumbier berichtet in ihrem Buch „Sie sagt, er sagt“ über die unterschiedlichen Bereiche, in denen Männer und Frauen aufeinandertreffen oder auch aufeinanderprallen. In den meisten Familien ist die Rollenverteilung auch im Zeitalter der Emanzipation noch die unserer Herkunftsfamilien. Meistens – und das passiert oft unbewusst – werden die Rollenbilder der Eltern nachgespielt. So entwickelt sich der Bereich Partnerschaft und Familie, also der Umgang mit Gefühlen und Beziehung schleichend zum Heimvorteil für Frauen. Während der Beruf, also der Umgang mit Leistung und Konkurrenz, zu einer Männerdomäne und somit zu einem Auswärtsspiel für Frauen wird.

Extrem gekürzt und pauschalisiert kann man nun folgendes beobachten: Männer streben eher den Erfolg im Beruf an, um die finanzielle Sicherheit der Familie zu gewährleisten. Frauen kümmern sich mehr um Haushalt und Familie. Daher sind sie geübt im Umgang mit Gefühlen und Bedürfnissen.

Und dies bewirkt eine besondere Dynamik in Paarbeziehungen. Gerade im Haushalt und in der Familie kommt es daher oft zu nervigen Auseinandersetzungen. Folgende Fragen drängen sich zwischen die Paare: Wer hat welches Wissen? Welche Regeln werden befolgt? Wer übernimmt wie viel Verantwortung? Und das führt zu Ärger und Frust auf der Seite der Männer, wie auch auf der Seite der Frauen.

Der Umgang mit Gefühlen und Bedürfnissen wird so zu einer Abseitsfalle für Männer. Männer haben ihre starke Seite oftmals in sachlichen Auseinandersetzungen, die sie im Beruf gut geübt haben. Der Spruch „Ein Indianer kennt keinen Schmerz", wurde ihnen oft schon in früher Kindheit gepredigt. Frauen dagegen äußern ihre Gefühle und Bedürfnisse und suchen den Austausch mit ihrem Partner auf dieser Ebene. Der Austausch über Gefühle ist für sie eine Quelle, um sich in der Beziehung wohl zu fühlen. Männern dagegen fällt es schwerer Gefühle zu zeigen. Sie haben oftmals früh gelernt, ihre Gefühle zu unterdrücken oder sogar abzuspalten. Der Zugang ist manchmal verschüttet und sie haben gelernt die Gefühle zu vergraben. Und oft ist es gar nicht einfach, den Zugang dazu wieder freizulegen. Männer können über ihr Innenleben nicht so ohne weiteres berichten. Und manchmal sind sie sich gar nicht sicher, ob sie sich damit überhaupt beschäftigen wollen. Dadurch entsteht ein Teufelskreis.

*„Ein Indianer kennt keinen Schmerz"*

Männer und Frauen sind im Umgang mit Gefühlen und Bedürfnissen unterschiedlich geübt. Das Modell der Heim- und Auswärtsspiele hilft uns aus der gegenseitigen Schuldspirale herauszufinden. Es hilft uns Verständnis für den Partner aufzubauen. Er hat ein Auswärtsspiel im Umgang mit Gefühlen, sie dagegen ein leichtes Heimspiel.

Lassen Sie uns das an einem Beispiel aufzeigen: Die viel diskutierten Haushaltsthemen Sauberkeit und Ordnung führen oft zu Ärger und Frust auf beiden Seiten. Weil der Mann das Gefühl hat, die Frau sei ständig am Nörgeln und unzufrieden, zieht er sich zurück. Die Frau fühlt sich dadurch ungeliebt und allein gelassen. Sie versucht nun ein Gespräch über ihre Gefühle zu führen: „Nun sag doch endlich auch was". Der Mann reagiert mit Rückzug, fühlt sich bedrängt und verbringt die Abende immer öfter im Hobbykeller. Die Frau ist traurig. Sie versucht immer mehr den Mann aus der Reserve zu locken, worauf dieser sich immer mehr zurückzieht und kein Gefühl zeigt. Weder das Genörgel der Frau, noch die Sprachlosigkeit des Mannes sind hier nützlich. Hier hilft nur ein Gespräch über die unterschiedlichen Gefühle auf beiden Seiten. Daher, liebe Männer, ist es hilfreich sich auf den Weg zu den eigenen Gefühlen zu machen. Und für Sie, liebe Frauen, ist es hilfreich Verständnis zu entwickeln und den Schatz nicht zu bedrängen. Das Modell der Heim und Auswärtsspiele zeigt uns diesen Zusammenhang und bietet uns so eine neue Perspektive, nämlich die des Partners.

## WÜNSCHE VON DEN AUGEN ABLESEN 3.3

Zu Beginn einer neuen Beziehung versuchen wir dem Partner jeden Wunsch von den Augen abzulesen. Oft erraten wir die Wünsche und manchmal liegen wir völlig daneben.

Können Sie sich noch an diese Geschenke und Aktionen erinnern, mit denen Sie Ihren Traumpartner überraschen wollten und mit denen Sie überrascht worden sind? Die Karte zum Heavy Metall Konzert oder das Hemd, das Ihnen so gar nicht gefallen hat? Viele Paare kennen das. Wie war das bei Ihnen? Und wie ist das heute?

Kennen Sie auch das Verlangen, dass der Auserwählte uns unsere Sehnsüchte, Wünsche und Bedürfnisse von den Augen abliest und am besten gleich noch erfüllt? Dass der Partner sich Gedanken über meine Wünsche macht, zeigt ja, wie wichtig wir ihm sind.

Doch der Wunsch und Glaube daran, dass unser Schatz, – nachdem er uns ja nun so gut kennt, – unsere Gedanken errät und wenn möglich auch erfüllt, trübt unseren Verstand. Denn auch der liebevollste Partner ist kein Hellseher.

Ich ermuntere Sie daher Ihre Wünsche und Bedürfnisse und Ihre Sehnsüchte auszusprechen. Warten Sie nicht auf einen Glückstreffer. Ein Blumenstrauß, den er uns mitbringt, wenn wir uns diesen gewünscht haben, ist in jedem Fall besser, als gar keine Blumen! Auch die ehrlichen Worte: „Ich bin glücklich, dass du für mich eine so teure Perlenkette gekauft hast. Gleichzeitig würde ich die Kette gerne umtauschen und dafür die goldenen Ohrringe kaufen, die ich seit zwei Monaten in der Auslage bewundere", sind besser, als im Jammertal hängen zu bleiben.

*Auch der liebevollste Partner ist kein Hellseher*

Seien Sie offen und erklären Sie ihr, dass Sie gerne diesen Abend zuhause vor dem Fernseher verbringen wollen, statt mit ihr und ihren Freundinnen um die Häuser zu ziehen.

*Die Geschichte der Semmel*

Als Beispiel, wie sinnvoll es sein kann seine Wünsche klar zu äußern, hier eine kleine Geschichte vom Ehepaar und der Semmel: Beim Frühstück teilte das Ehepaar die Semmel immer so, dass sie die obere und er die untere Hälfte bekam. Der Grund war einfach. Sie war der Meinung, er liebt die untere, und er dachte sie mag lieber die obere Hälfte. Nach 40 Ehe-Jahren, bei einem Streit, forderte sie nun die untere Hälfte ein mit den Worten: „Nun will ich auch endlich mal die bessere Hälfte bekommen." Die beiden staunten nicht schlecht, als sie bemerkten, welchen Fehler Sie gemacht hatten. Sie hatte für ihn immer auf die bevorzugte untere Hälfte verzichtet und er für sie auf seine geliebte obere Hälfte.

### Kurz zusammengefasst:

Wir alle kennen den Wunsch, dass uns der Partner unsere Wünsche von den Augen abliest. Verabschieden Sie sich von dem Gedanken, „das muss er oder sie doch merken, fühlen oder erkennen." Ergreifen Sie die Initiative, damit Ihre Träume in Erfüllung gehen oder zumindest der ein oder andere Wunsch. Warten Sie nicht auf einen Zufallstreffer. Sprechen Sie Ihre Wünsche und Sehnsüchte klar und konkret aus.

Das bedeutet allerdings nicht, dass Ihnen nun jede Bitte erfüllt wird, aber es erhöht die Chancen! Denn nun kennt Ihr Partner Ihre Wünsche.

## VORWÜRFE SIND MASKIERTE BEDÜRFNISSE

„Schatz, du nervst!" Wir urteilen und verurteilen, weil wir wollen, dass der andere unsere Wünsche erfüllt. Vorwürfe und Urteile sind nichts anderes als ein Hilfeschrei! Das, was uns wichtig ist, ist nicht erfüllt.

Sie winseln, „Nie räumst du den Geschirrspüler aus!" oder brüllen lautstark um Hilfe, „Kannst du denn nicht ordentlich einparken!" Wahrscheinlich werden alle diese Vorwürfe nicht helfen, dass sich etwas ändert und sich unsere Wünsche oder Forderungen erfüllen.

*Vorwürfe sind nichts anderes als ein Hilfeschrei!*

Wie kommen wir aus dieser Sackgasse heraus? Wie können wir eine Änderung erreichen? Unsere Bedürfnisse helfen uns dabei: Bedürfnisse kennt jeder Mensch. Angefangen bei den Grundbedürfnissen unseres Körpers nach Nahrung, Sexualität und Schlaf bis zu den Bedürfnissen nach Autonomie und Selbstverwirklichung. Folgende Bedürfnisse sind Ihnen sicherlich gut bekannt: Zum Beispiel Trost, Verständnis, Respekt, Geborgenheit, Schutz, Unterstützung, Rücksicht. Bedürfniswörter sind alle abstrakt und positiv und beinhalten Wünsche und Wertvorstellungen. Die Bedürfnisse sind bei allen Menschen vorhanden, aber ganz unterschiedlich in Ausprägung und Bedeutung. Sie sind abhängig zum Beispiel vom Alter, vom Geschlecht und von den individuellen Erfahrungen.

Ein Bedürfnis unterscheidet sich von der Bedürfnisbefriedigung oder Strategie zur Erfüllung unserer Bedürfnisse.

Stellen Sie sich folgendes vor: Sie kommen an einem wunderbaren Sommertag von der Arbeit nach Hause. Sie sind geschafft vom turbulenten und stressigen Tag und brauchen nun unbedingt Entspannung. Wie erfüllen Sie sich diese? Mit einem Schläfchen, einem Bier vor dem Fernseher, mit einem Telefonat mit Ihrer besten Freundin, bei einem Stück klassischer Musik, bei einem Song von AC/DC bei dem Sie kräftig mitsingen, oder im Fitnesscenter beim Spinning? Stellen Sie sich nun vor, ein Paar sucht Entspannung nach einem aufreibenden Arbeitstag. Der eine möchte sich auf der Terrasse bei einem Schläfchen ausruhen und der andere mit AC/DC auspowern. (Für alle diejenigen, die diese Gruppe nicht kennen: Es handelt sich um eine Hard-Rock-Band aus den 80ern). Da ist Zoff vorprogrammiert. Und dabei geht es nicht um richtig oder falsch. Es gibt viele unterschiedliche Strategien mit denen wir unsere Bedürfnisse befriedigen.

Wie würde Ihre Strategie zur Entspannung aussehen? Da die Bedürfnisse unabhängig von Person und Verhalten sind, eignen sie sich gut, um mit dem Partner in Kontakt zu kommen. Die Bedürfnissprache, also das Gespräch über unsere Bedürfnisse, hilft uns aus der Sackgasse. Eine Verständigung mit Hilfe der Bedürfnisse hilft die Wünsche so zu formulieren, dass unser Partner diese auch hören kann. Der Partner fühlt sich nicht angegriffen, da er die Bedürfnisse selbst kennt und nachvollziehen kann. So hilft uns diese Sprache aus der Vorwurfsfalle.

*Die Bedürfnissprache hilft uns aus der Sackgasse*

Was meinen Sie, was sich für Bedürfnisse hinter folgenden Sätzen verbergen? „Nie bist du da." oder „Du bist so abweisend". Schauen wir uns zunächst den Satz „Nie bist du da" an. Dahinter könnte sich zum Beispiel das Bedürfnis nach Gleichberechtigung verbergen. Es könnte bedeuten: „Ich möchte auch mehr Freiheit". Es könnte aber auch den Wunsch nach mehr Nähe beinhalten: „Ich möchte mehr Zeit

32

mit dir gemeinsam verbringen".

Im Satz „Du bist so abweisend", könnte das Bedürfnis nach Zärtlichkeit stecken. Es könnte zum Beispiel gemeint sein: „Nimm mich doch öfters in den Arm". Es könnte aber auch der Wunsch nach mehr Sexualität verborgen sein.

Manchmal ist es gar nicht so leicht den eigenen Bedürfnissen auf die Spur zu kommen. Schauen wir uns einen weiteren Vorwurf an: „Deine Schuhe liegen schon wieder im Wohnzimmer auf dem Boden". Hier könnte sich das Bedürfnis nach Ordnung oder auch nach mehr Verlässlichkeit verbergen.

Wie kann ich nun meine Bedürfnisse ansprechen damit meine Botschaft richtig ankommt?

Am hilfreichsten ist die Formulierung: „Mir ist wichtig", verbunden mit einer Bitte.

Zum Beispiel: „Mir ist Klarheit und Sicherheit wichtig, bitte informiere mich daher rechtzeitig".

„Mir ist Ordnung sehr wichtig, bitte räume deine Schuhe beim Heimkommen gleich in den Schrank".

Probieren Sie es doch mal aus! Starten Sie einen Versuch. Es gibt sicherlich wiederkehrende Auslöser für Streit in Ihrer Beziehung. Welcher Vorwurf liegt Ihnen auf den Lippen? Formulieren Sie diesen schon jetzt und heute um. Und dann testen Sie die Wirkung bei Ihrem Schatz. Denn die nächste Gelegenheit kommt bestimmt. Und am besten formulieren Sie gleich noch Ihren Wunsch. Zum Beispiel könnten Sie statt des Vorwurfs: „Immer sitzen wir vor dem Fernseher" viel besser ankommen mit der Frage: „Mir ist Bewegung wichtig, wollen wir morgen Abend eine Runde spazieren gehen?"

Statt: „Nie fragst du mich, was ich will" sagen Sie: „Mir ist gemeinsame Absprache sehr wichtig, ich möchte gerne unser nächstes Wochenende gemeinsam mit dir planen." Die weiteren Details, wie wir das Bedürfnis gut verpacken, erfahren Sie im Kapitel 7: So bringen Sie Ihre Botschaft rüber.

**Kurz zusammengefasst:**
Urteile und Vorwürfe sind maskierte Bedürfnisse. Die Bedürfniswörter sind positiv, abstrakt und beinhalten Wünsche und Wertvorstellungen. Jeder hat sie, allerdings in unterschiedlichen Ausprägungen. Die Bedürfnissprache hilft uns aus der Vorwurfsfalle und ermöglicht uns eine gute Verständigung. Am besten drücken wir unsere Bedürfnisse mit „Mir ist wichtig" aus.

Gerade auch nach der Phase der ersten Verliebtheit, der rosaroten Brille, ist es wichtig, die eigenen Bedürfnisse wieder zu entdecken. Das heißt nicht egoistisch zu werden. Die Balance ist hierbei wichtig.

*Auflösung Bedürfnisse siehe Anhang S. 168*

Übung:
Notieren Sie, welche Bedürfnisse Ihnen momentan sehr wichtig sind. Verwenden Sie dazu folgende Formulierung: „Mir ist ... wichtig oder „Ich wünsche mir ... "

Trotzdem können unsere Bedürfnisse nicht immer und zu jeder Zeit erfüllt werden. Was passiert dann? Wie können wir angemessen reagieren? Wir zeigen Ihnen im nächsten Kapitel, wie Sie gut mit Ihren Emotionen umgehen.

Gefühle – ein Gradmesser für Bedürfnisse.

Nun werden ja unsere Bedürfnisse nicht zu jeder Zeit erfüllt. Unsere Gefühle sind ein wichtiger Gradmesser, ob unsere Bedürfnisse erfüllt sind oder nicht. Angenehme Gefühle zeigen, es ist alles im grünen Bereich, es geht uns gut oder sogar sehr gut. Unangenehme Gefühle zeigen, dass unsere Bedürfnisse nicht erfüllt sind und etwas im Argen liegt. Je unangenehmer und häufiger diese Gefühle auftauchen, desto dringender sind unsere Bedürfnisse. Und alle Gefühle sind in Ordnung, die angenehmen und die unangenehmen.

Ähnlich wie bei Krankheiten das Fieber die Abwehrreaktion des Körpers anzeigt, so zeigen die unangenehmen Gefühle an, wie stark die Bedürfnisse nicht erfüllt sind.

Sie kennen wahrscheinlich die Geschichte „Das Frühstücksei" von Loriot? Das Hickhack um das viereinhalb Minuten Ei endet mit seinem Satz: „Ich bring Sie um, morgen bringe ich sie um." Damit es nicht soweit kommt, ist es gut, sich seiner Gefühle und Bedürfnisse rechtzeitig bewusst zu werden.

Schauen wir uns an, wozu unsere Emotionen gut sind: Emotionen sind Handlungsimpulse. Sie sind ein wichtiger Antriebsmotor. Sie sind der Motor für unser Leben. Sie bringen uns in Bewegung und setzen Impulse.

Je stärker die Emotion, umso stärker ist der Impuls. Bei Angst zum Beispiel kann es der Impuls zum Totstellen oder zur Flucht sein. Werfen wir dazu einmal einen kleinen Blick hinter die Kulissen, in unsere Schaltzentrale,– unser Gehirn:

Der Teil unseres Gehirns, der für die Gefühle zuständig ist und der Teil, der für unser rationales Denken verantwortlich ist, sind durch viele Nervenbahnen eng verbunden. Dies bewirkt, dass unsere Gefühle einen starken Einfluss auf unser Handeln und Denken haben. Ob wir das wollen oder nicht, spielt dabei keine Rolle. Und das sogar, wenn unsere Gefühle von uns gar nicht bewusst wahrgenommen werden. Das bedeutet, wenn der Reiz zu klein ist, also unter unserer Wahrnehmungsschwelle liegt.

Was passiert in unserem Körper bei Zorn und Wut? Bei Zorn strömt Blut in die Hände. Dies erleichtert uns, eine Waffe zu greifen oder zuzupacken. Der Puls nimmt zu und die Hormone verpassen uns einen wahren Energieschub.

Bei Angst und Furcht dagegen fließt Blut in unsere Skelettmuskeln. Dies ermöglicht uns eine kraftvolle Flucht. Dies passiert alles automatisch und sichert unser Leben.

Stellen Sie sich vor, ein Jäger ist gerade auf der Jagd nach einem Gnu. Plötzlich steht ein Löwe, der auch schon ein Auge auf das Gnu geworfen hat, hinter ihm. In Sekundenbruchteilen wird, ausgelöst durch die Angst, Blut in die Skelettmuskeln gepumpt und die Flucht kann beginnen. Diese Reaktionen haben der Menschheit das Überleben gesichert. Sie laufen in Sekundenbruchteilen ab und wir können sie nicht stoppen. Unsere Gefühle sind überlebenswichtig.

*Unsere Gefühle sind überlebenswichtig*

Wie sollen wir nun mit unseren Emotionen umgehen? Im Umgang mit Gefühlen beobachten wir häufig zwei extreme Reaktionen. Entweder werden die Gefühle unterdrückt, da sie stören oder sie werden ungezügelt ausgelebt. Vermeiden und unterdrücken wir unsere Emotionen, brechen sie an scheinbar nebensächlicher Stelle aus, wie ein Vulkan. Sie zeigen sich dann in sarkastischen und ironischen Bemerkungen. Oder sie stauen sich auf und zeigen sich in Du- Botschaften, Verallgemeinerungen und Beleidigungen. Die Emotionen machen uns so zu ihrem Spielball. Das führt dann zu Verletzungen, Kränkungen und Aggressionen beim Partner – und oftmals haben wir nach solchen Bemerkung Schuldgefühle und Gewissensbisse. Beide Extreme sind daher problematisch. Was ist also hilfreich?

Wie meistens liegt die Lösung irgendwo dazwischen und besteht aus drei Teilen:
    a) Wahrnehmen
    b) Kontrolle, Steuerung und Verantwortung
    c) Aussprechen

### a) Wahrnehmen

Wie bereits erwähnt, reagieren wir auch, wenn wir die Gefühle nicht bewusst wahrgenommen haben. Das bedeutet, dass wir sogar reagieren, wenn der Reiz unter unserer Wahrnehmungsschwelle liegt.

Das heißt, das wichtigste ist, dass wir unsere Gefühle wahrnehmen und vor allem ernst nehmen. Dazu muss man sie aber erst einmal spüren. Gerade für Männer ist das nicht so einfach. Sie sind es nicht gewohnt. Liebe Männer, nicht nur, wenn der geliebte Fußballclub den Aufstieg in die nächste Liga nicht geschafft hat, kann (Mann) man Gefühle wahrnehmen.

Es gilt vor allem auch die kleinen und zaghaften Gefühle wahrzunehmen, bevor sie an Fahrt zunehmen. Erst wenn wir unsere Gefühle bemerken, können wir sie nutzen.

Ein Beispiel:

Angenommen, Sie haben gerade ein unangenehmes Telefonat geführt. Viele reagieren dann anschließend leicht gereizt auf alle möglichen Situationen und auch auf den Partner. Kennen Sie das?

Es kann sein, dass Ihnen Ihre Gereiztheit gar nicht bewusst ist. Erst wenn Sie diese wahrnehmen können, werden Sie die nachfolgende Situation wieder neutral sehen. Das bedeutet, es ist wichtig, Emotionen nicht zu unterdrücken, sondern sie bewusst wahrzunehmen.

Auch Wut ist daher gut. Sie ist ein starker Motor für uns. Allerdings lässt sich dieses Gefühl besonders schwer steuern. Dazu nun mehr im zweiten wichtigen Punkt b):

*b) Kontrolle, Steuerung und Verantwortung:*

Wir sollten nicht zum Spielball unserer Emotionen werden, sondern sie nutzen und gleichzeitig kontrollieren und steuern. Was können wir also tun, um Wut und Zorn in den Griff zu bekommen?

Erstens hilft es die Gefühle hinter der Wut wahrzunehmen und zweitens die Verantwortung für unsere Gefühle zu übernehmen: Meistens wird das Gefühl der Wut ausgelöst durch das Gefühl bedroht zu sein. Dies kann zum Beispiel passieren, wenn ich Angst um mein Leben habe, also eine physische Bedrohung. Meistens ist es jedoch eine symbolische Bedrohung, wie zum Beispiel die Angst verlassen zu werden.

Daher ist es sehr hilfreich, die Gefühle hinter der Wut zu ergründen, die oftmals viel leiser sind. Die Bewertung der Situation spielt hier auch eine sehr große Rolle. Dazu erfahren Sie noch mehr im nächsten Kapitel „Wahrnehmung". Ein leichtes ist es, die Schuld für unsere negativen Gefühle, dem Partner in die Schuhe zu schieben: „Weil du zu spät kommst, bin ich verletzt!" Ja, so haben wir es gelernt. Wir sagen hier: „Ich bin für meine Gefühle verantwortlich!" und das klingt für viele sehr provokativ. Für Sie auch?

Dazu folgendes Beispiel:

*Beispiel Ehepaar Meier*

Ehemann Meier kommt 25 Minuten später als verabredet von der Arbeit nach Hause. Das ist erst einmal die reine Sachinformation. Welche Gefühle könnten da jetzt bei Frau Meier entstehen?

1. Frau Meier kann zum Beispiel frustriert sein. Sie hat ihrem Mann heute extra seine Lieblingsspeise zubereitet, nämlich ihre „weltberühmten" bayrischen Dampfnudeln. Diese sind nun lauwarm und bereits zusammengefallen. Ihre eigene Koch-Leistung ist nun nicht mehr erkennbar.
2. Frau Meier ist verletzt. Die Einhaltung von Vereinbarungen ist ihr sehr wichtig und er hätte sie wenigstens anrufen können.
3. Frau Meier ist beruhigt. Da ihr Mann Überstunden macht, sichert er seine Anstellung und fördert auch seine Karriere und verschafft der Familie damit finanzielle Sicherheit.
4. Frau Meier ist glücklich. Ihr Mann ist gut nach Hause gekommen. Es gibt ihr Entspannung und Ruhe, da sie nun weiß, dass er nicht um der Pünktlichkeit wegen, mit überhöhter Geschwindigkeit nach Hause rast.

Wie Sie sehen, kann ein und dieselbe Situation sehr viele ganz unterschiedliche Gefühle auslösen.

Was wäre denn Ihr Gefühl in dieser Situation gewesen? Die Gefühle in unterschiedlichen Situationen sind bei uns allen ganz verschieden. Und alle sind in Ordnung. Wichtig ist es, dem anderen nicht die Schuld aufzuhalsen, sondern die Verantwortung für die eigenen Gefühle zu übernehmen. Die Gefühle, die wir in unterschiedlichen Situationen empfinden, gehören zu uns und haben mit dem anderen nichts zu tun. Wir sind also selbst verantwortlich für unsere Gefühle. Wie Sie nun mit dieser Verantwortung konstruktiv für sich und andere umgehen, finden Sie im Punkt c).

### c) Aussprechen

Es ist wichtig, dass wir unsere Gefühle ansprechen. Erst wenn wir unsere Gefühle in Worte gefasst haben, sind sie für andere nachvollziehbar. Liebe Männer, das können wir Ihnen nicht ersparen. Von selbst ändert sich nichts. Oftmals sind es gerade die Herren der Schöpfung, die lange Zeit erdulden, ohne ihre Gefühle auszusprechen und dann die Notbremse ziehen. Das führt dann nicht selten zu einer Außenbeziehung oder der Trennung. Das sind dann die schlimmsten Auswirkungen, ähnlich einer Fieberkurve mit Exitus bei 42 Grad. Handeln Sie! Auch die nächste Beziehung wird kaum besser, wenn Sie Ihre Gefühle unterdrücken. Und das gleiche gilt natürlich auch für Sie, liebe Frauen. Spüren Sie, wie es Ihnen geht und teilen Sie es mit. Fassen Sie Ihre Gefühle in Worte, so dass der andere sie hören und eventuell auch nachvollziehen kann.

*Wie spreche ich meine Gefühle aus?*

Wie spreche ich nun meine Gefühle aus? Am besten beginnen Sie mit der Formulierung: „Ich bin...". Zum Beispiel: „Ich bin irritiert. Ich bin abgespannt. Ich bin wütend." Beachten

Sie dabei, dass die Formulierung „Ich habe das Gefühl, dass du ..." einen Vorwurf beinhaltet.

„Ich fühle mich ignoriert" oder „Ich fühle mich nicht ernst genommen" sind keine Gefühle, sondern Aussagen, die das Verhalten des anderen interpretieren.

Vergessen Sie dabei nicht Ihre positiven Gefühle auszusprechen: „Ich bin ausgeglichen. Ich bin erleichtert. Ich bin glücklich."

Die „Landkarte der Gefühle und Bedürfnisse" nun noch einmal im Ganzen kurz zusammengefasst:

Erstens: Es gibt viele große und kleine „Aufreger" im täglichen Zusammenleben.

Zweitens: Der Bereich Haushalt und Familie, und der Umgang mit Gefühlen und Beziehung ist oftmals der Heimspielbereich der Frauen. Der Bereich Beruf und Umgang mit Leistung und Konkurrenz ist der Heimspielbereich der Männer. Frauen äußern Ihre Gefühle und Bedürfnisse und suchen den Austausch mit Ihrem Partner auf dieser Ebene. Sie brauchen das, um sich in der Beziehung wohl zu fühlen. Männern dagegen fällt es schwer Gefühle zu zeigen. Oftmals reagieren Sie mit Rückzug. Dadurch entsteht ein Teufelskreis. Hier hilft nur ein Gespräch über die unterschiedlichen Gefühle auf beiden Seiten. Für Männer ist es daher hilfreich sich auf den Weg zu den eigenen Gefühlen zu machen. Und für Frauen ist es hilfreich Verständnis zu entwickeln und den Partner nicht zu bedrängen.

Drittens: Wir alle kennen den Wunsch, dass uns der Partner die Wünsche von den Augen abliest. Verabschieden Sie sich von diesen Gedanken: „Das muss er oder sie doch merken, fühlen oder erkennen". Sprechen Sie Ihre Wünsche und Sehnsüchte klar und konkret aus.

*Urteile und Vorwürfe sind maskierte Bedürfnisse*

Viertens: Urteile und Vorwürfe sind maskierte Bedürfnisse. Die Bedürfniswörter sind positiv, abstrakt und beinhalten Wünsche und Wertvorstellungen. Die Bedürfnissprache hilft uns aus der Vorwurfsfalle und ermöglicht uns eine gute Verständigung. Am besten drücken wir unsere Bedürfnisse mit „Mir ist wichtig" aus.

Fünftens: Gefühle sind ein wichtiger Gradmesser, ob unsere Bedürfnisse erfüllt werden oder nicht. Gefühle sind unangenehm, wenn unsere Bedürfnisse nicht erfüllt werden und angenehm bei Erfüllung. Alle Gefühle sind wichtig und in Ordnung. Emotionen sind Handlungsimpulse. Je stärker die Emotion, umso stärker ist der Impuls. Nehmen Sie daher Ihre Gefühle wahr und sprechen sie diese aus.

## Übung 1:

Schreiben Sie alle Gefühlsbezeichnungen auf, die sie kennen. Die Auflösung finden Sie im Anhang.

*Auflösung Gefühle siehe Anhang S. 174*

## Übung 2:

Erinnern Sie sich am Ende des Tages an mindestens drei Gefühle. Vergessen Sie nicht die positiven Empfindungen und Erlebnisse. Beschreiben Sie, welche Bedürfnisse dadurch erfüllt waren, oder was Sie gebraucht hätten. Beurteilen Sie die Stärke des Gefühls auf einer Skala von 1–10 (schwach bis sehr stark).

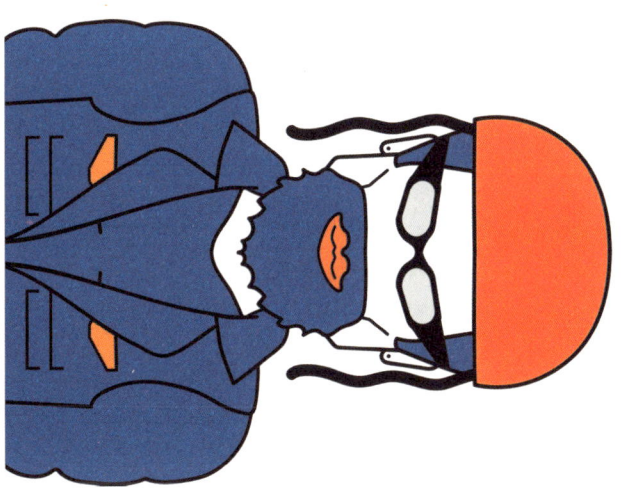

# WIE IHRE WAHRNEHMUNG AUSGETRICKST WIRD

und was Sie dagegen tun können

**4.0**

*„Jedes Ding hat drei Seiten: Eine, die du siehst, eine, die ich sehe und eine, die wir beide nicht sehen."*

Jedes Ding hat drei Seiten: Eine, die du siehst, eine, die ich sehe und eine, die wir beide nicht sehen. (Chinesische Weisheit). Eine kleine Einführung: Ein Weiser streut jeden Abend um sein Haus herum Samen aus. Einer seiner Schüler, der ihn dabei beobachtet, fragt ihn eines Tages: „Meister, warum streut ihr Samen um das Haus?" „Um die Tiger fernzuhalten", antwortet der Weise. Der respektvolle Schüler wagte zu antworten: „Aber Meister, es gibt keinen Tiger in der Gegend." „Also ist meine Methode wirksam." (Zen-Geschichte)

Sohn: Darf ich auf die Party?
Vater: Ja, aber sei um zehn wieder zu Hause.
Sohn: Ok. Soll ich Brötchen zum Frühstück mitbringen?
(Quelle unbekannt)

Was meinen Sie, haben diese Geschichte und dieser Witz mit einer Paarbeziehung zu tun? Oftmals hören wir im Coaching und in Mediationen: „Es lief doch so gut zwischen uns und ich kann gar nicht verstehen was passiert ist!" Menschen in Beziehungen entwickeln ihre ganz eigene Sicht von sich und ihrem Partner. Was zwischen zwei Menschen geschieht, die sich vielleicht schon Jahrzehnte kennen, die jeden Tag miteinander verbringen, das ist nicht mehr eine Frage von Reiz und Reaktion oder Frage und Antwort. Es ähnelt vielmehr einem himmelhohen Turm aus Erfahrungen, Erlebnissen und Erinnerungen, die beide sehr, sehr stark geprägt haben – und vor allem das Bild des jeweils anderen.

Schon eine scheinbare harmlose Floskel, wie „Kannst Du mir bitte die Zeitung geben" hat in mancher Beziehung vor dem Scheidungsrichter geendet.

Gleichzeitig sind wir geprägt von den Erfahrungen anderer. Der Freund des Schwagers des besten Freundes ist wieder mal von seiner Neuen betrogen worden, Politiker werden bei exzessiven Sexparties erwischt, jede zweite Ehe in Deutschland wird geschieden. Und da soll bei uns zu Hause alles in Ordnung sein? Geht doch nicht!

Und wenn Harmonie herrscht am Küchentisch, dann kann auch das manchmal zu sehr eigenartigen Entwicklungen in einer Beziehung führen. Warum ist Mausi heute so nett zu mir? Und wenn sich dann noch die Versandhauspakete im Flur türmen, dann muss der Postbote der Beziehungstäter sein, oder? Tatsächlich hören wir von vielen Teilnehmern in Seminaren: „Ich habe Angst, wenn ich höre, wie viele Beziehungen und Ehen scheitern. Ich bin sehr vorsichtig und argwöhnisch. Liebt er mich noch?"

In einer Beziehung geht es leicht oder schwer. Wir haben immer die Wahl. Aber manchmal, und gerade wenn es kriselt, dann sind wir scheinbar darauf programmiert, es uns und unserem Partner besonders schwer zu machen. Das endet dann teilweise mit fatalen Folgen für die Beziehung. Aber halt! Es sind unsere Sinne, die uns hier eine ganze Menge Streiche spielen. Der eigene Kopf dreht am Beziehungskarussell, während unser Wille nichts mehr zu sagen hat.

Wie kann es dazu kommen, dass wir unser Bild von einer Beziehung, die lange völlig in Ordnung war, in einer Krise so vollkommen verändern? Dazu beginnen wir einen Schritt vorher und betrachten zunächst, wie unsere Wahrnehmung grundsätzlich funktioniert.

Dazu möchte ich Ihnen eine Geschichte vorstellen, die ich vor kurzem ungefähr so im Internet gelesen habe:

Vor vier Jahren lernte Julia Mark kennen. Nach dem ersten Jahr und reiflicher Überlegung, beschließt Julia mit Mark in eine gemeinsame Wohnung zu ziehen. Er ist ruhig und zurückhaltend, was ihrem quirligem Temperament sehr gut tut. Er ist humorvoll und weiß, wie er sie zum Lachen bringt. Auch ihre Freundinnen finden ihn nett. Außerdem ist Mark intelligent und liest gerne. Sie kann sich mit ihm auch über anspruchsvolle Themen gut austauschen. Außerdem ist er sparsam, ganz im Gegensatz zu ihr, die nicht auf jeden Cent schauen will. Sie passen also gut zusammen!

Nach zwei Jahren Beziehung in der gemeinsamen Wohnung ist Julia nun total frustriert. So hat sie sich ihre Beziehung nicht vorgestellt. Während Sie um die Häuser ziehen und gemeinsam fremde Länder erkunden will, mag er lieber zuhause bleiben und dreht jeden Cent zweimal um. Außerdem ist er ein richtiger Sexmuffel und hockt ständig über seinen Büchern. Und das Lachen über seine ironischen Sprüche ist Julia schon lange vergangen.

Wie konnte ich nur so blind sein? Ich bin so enttäuscht. Wie konnte ich mich nur so täuschen? Auch ihre Freundinnen finden ihn inzwischen nicht mehr nett, sondern nur noch spießig. Wie konnte es soweit kommen? Das ist ein typischer Fall von schiefer Wahrnehmung oder dem berühmten Knick in der Optik. Dies passiert immer dann, wenn wir Menschen, Verhalten und Situationen beobachten und bewerten. Auch die rosarote Brille gehört genau in diese Kategorie. Um zu verstehen, was hier passiert ist, machen wir nun einen kleinen Ausflug in die Welt der Wahrnehmung.

Vielleicht erinnern Sie sich noch an das beliebte Kinderspiel: „Ich sehe was, was du nicht siehst und das ist grün". „Das Grüne" zu sehen ist oftmals ganz leicht gelungen. Manchmal jedoch war es richtig schwierig. Aber einmal entdeckt, fragen wir uns, warum es so lange gedauert hat, es zu finden.

Das Thema Wahrnehmung ist ein sehr komplexes System und viele Wissenschaften beschäftigen sich damit. Auch für unsere Beziehungen ist sie ein wichtiger Wegweiser, um gemeinsam das Ziel zu erreichen.

Warum nehmen wir Warnsignale in Beziehungen nicht früher wahr, obwohl viele Störungen sich lange vor ihrem Auftreten ankündigen? Oder warum hören wir das Gras wachsen und leben in unserer eigenen Wirklichkeit?

*Warn-signale in Beziehungen*

In jeder Sekunde wählen wir, bewusst oder unbewusst, aus einer riesigen Menge an Informationen aus. Da ist es nur verständlich, dass wir nur einen Bruchteil wahrnehmen. Hier läuft Multitasking nur in einem bestimmten Umfang. Wenn Sie nach vorne sehen, können Sie nicht beobachten, was hinter Ihrem Rücken passiert. Das ist auch der Trick eines jeden Zauberkünstlers. Sie lenken uns ab, so dass wir den Trick nicht entdecken, das heißt nicht beobachten können. Vieles in unserem Leben nehmen wir gar nicht wahr. Wir benutzen unsere fünf Sinne, damit wir uns in unserer Welt zurechtfinden. Wie ein Kompass, der uns den rechten Weg weist. Wir sehen, hören, riechen, schmecken und fühlen körperlich. Diese Wahrnehmungsfilter, „unsere Spürnasen", sind ganz unterschiedlich stark ausgeprägt. Am meisten benützen wir die Augen und die Ohren, um unsere Umwelt zu betrachten.

Dass wir filtern ist notwendig. Die Menge an verfügbaren Informationen, die uns angeboten wird, ist einfach zu groß. Diese Vielzahl an Daten können wir nicht komplett aufnehmen und auch gar nicht verarbeiten.

Schauen wir uns ein Paar an, das gleichzeitig von der Arbeit nach Hause kommt:

Der eine Partner riecht frisch gemähtes Gras, fühlt die Sonne auf der Haut, hört die Kinder beim Versteckspiel laut „39, 40 ich komme" rufen und sieht beim Öffnen der Tür unzählige Schuhe im Gang liegen.

Der andere Partner riecht den Auflauf im Herd, fühlt die Last der schweren Ordner unter seinem Arm und hört laute Musik aus den Kinderzimmern. Beide Partner hatten beim nach Hause kommen die gleiche Menge an Informationen zur Verfügung. Sie haben jedoch ganz unterschiedliche Informationen beim Ankommen ausgewählt. Wenn wir die Sinneseindrücke der beiden hören, könnten wir denken, dass es sich nicht um das gleiche Haus zur gleichen Zeit, sondern um verschiedene Häuser oder unterschiedliche Zeiten handelt. Wie kann das passieren?

## 4.2    IM SCHEINWERFERLICHT

Beide Personen haben Ihren Scheinwerfer ganz unterschiedlich eingestellt. Die Wahrnehmung ist in beiden Fällen konträr, obwohl die gleichen Informationen vorliegen. Stellen wir uns doch einfach einen Scheinwerfer vor. Diesen unseren Scheinwerfer richten wir bewusst oder unbewusst auf bestimmte Dinge und andere bleiben in diesem Moment verborgen. Ähnlich verhielt es sich in dieser nicht ungewöhnlichen Erzählung einer Bekannten.

Sie erzählte: „Wir waren gerade mit unseren zwei Kindern aus einem wunderbaren, erholsamen Sommerurlaub heimgekehrt. Mein Mann fragte mich am Abend: „Soll ich uns ein Glas Wein holen?" „Natürlich gerne", antworte ich. Was dann passierte, war für mich wie ein Tsunami. Eine Welle, die mich völlig unvorbereitet, aber mit grausamer Gewalt traf. Er sagte, dass er sich von mir trennen wird und sich gerade eine Wohnung sucht."

Solche Geschichten sind für uns kein Einzelfall. Sowohl Frauen wie Männer berichten, dass eine solche Eröffnung sie völlig unvorbereitet traf. Sie hatten nicht die leiseste Ahnung. Wie kann so etwas passieren? Folgende Erklärungen halten wir für möglich:

## Erstens: Scheuklappen

Man setzt Scheuklappen auf, um das nahende Unglück doch noch abzuwenden. Wie der Vogel Strauß, der seinen Kopf bei Gefahr in den Sand steckt. Frei nach dem Motto: Wenn ich die Bedrohung nicht sehe, dann ist sie auch nicht da. Oder es handelt sich um eine geschickte Verstellung des Partners – das allerdings bedarf eines hohen schauspielerischen Talents.

## Zweitens: Verzerrte Wahrnehmung

Eine verzerrte Wahrnehmung und ein Fokus auf andere Dinge. Vor lauter Themen um die Kinder, die pflegebedürftigen Eltern oder ähnliches nehmen wir den Ernst der Situation gar nicht wahr, oder wir interpretieren die Dinge anders.

Die schlechte Laune des Gatten liegt nur an Arbeitsüberlastung oder dem nörgelnden Chef. Die häufige Abwesenheit ist begründet durch dringende Termine oder um die Karriere zu beschleunigen.

Sind wir gut drauf, wollen wir den Ärger nicht hören und sehen. Sind wir schlecht drauf, beschäftigen wir uns eher mit unseren eigenen unerfüllten Bedürfnissen.

Auch Zauberer bedienen sich dieses Scheinwerfers, um einen Zaubertrick gut auszuführen. Sie lenken die Aufmerksamkeit der Zuschauer mit attraktiven Helferinnen vom eigentlichen Geschehen ab. So kann der Trick sicher vor den Blicken verborgen ausgeführt werden.

Hier nun einige weitere Beispiele aus dem Bereich des Scheinwerfers und der daraus resultierenden verzerrten Wahrnehmung: Eine Frau, die sich sehnsüchtig ein Kind wünscht, wird auf ihrem Spaziergang vor allem Mütter mit Kinderwagen sehen.

Haben Sie schon einmal eine Diät gemacht? Dann erinnern Sie sich sicherlich, dass in dieser Zeit alle Sinne auf Essen fokussiert sind. Egal, ob Lebensmittelwerbung im Fernsehen oder der Geruch nach Schweinebraten aus der Türe der Nachbarsfamilie.

Und wie ist das mit dem Scheinwerfer in Ihrer Beziehung? Sind wir eifersüchtig, richtet sich unser Scheinwerfer auf eventuelle Gefahren. Sind wir gerade im beruflichen Stress, übersehen oder überhören wir eventuell die Warnsignale.

Nehmen Sie doch mal ein Fernglas zur Hand. Schauen Sie durch. Nun drehen Sie es um und schauen durch das andere Ende! Erstaunt? Manchmal ist es wichtig, die Details zu sehen und manchmal das große Ganze.

Folgende Fragen helfen Ihnen, sich Ihren Scheinwerfer und somit Ihren ganz speziellen Fokus bewusst zu machen.

Worauf richten Sie den Scheinwerfer in Ihrer Beziehung? Auf welche Dinge achten Sie besonders? Nun entscheiden Sie, wohin Sie mit Ihrem Scheinwerfer leuchten. Schwenken Sie ihn auch mal ganz bewusst in die andere Richtung. Vielleicht ist Ihnen Wichtiges und sogar „Positives" manchmal entgangen!

*Fokus Scheinwerfer*

Hier noch ein besonderer Hinweis: In den Seminaren nicken hier alle Teilnehmer verständig. Trotzdem gehen alle Menschen davon aus, dass ihnen so leicht nichts entgeht. Das Erstaunen ist dann in unseren Seminaren umso größer, wenn wir Videos zeigen, in denen ein Gorilla durchs Bild läuft, den nur ganz selten jemand sieht. Wir geben zu, dass der Auftrag, die Pässe der weißen Basketballer zu zählen, ablenkt. Und trotzdem sind alle entsetzt, dass wir Dinge nicht wahrnehmen, die so offensichtlich sind, wie ein Gorilla, der durch das Bild läuft. Suchen Sie auf den gängigen Video-Kanälen nach Videos mit dem Suchbegriff Awareness und Sie werden erstaunt sein.

### Kurz zusammengefasst:

Wir können also festhalten, dass die Wahrnehmung selektiv ist und wir nur einen kleinen Teil der verfügbaren Informationen wahrnehmen. Unser spezieller Fokus oder Scheinwerfer hat dabei eine große Bedeutung. Es hilft, sich den eigenen Fokus bewusst zu machen.

## UNSERE SCHUBLADE

Und damit noch lange nicht genug. Uns allen gut bekannt unter dem Begriff „Schubladendenken" ist folgendes: Interpretieren und Bewerten.

*Interpretieren*
Alles was wir erleben, sehen und hören vergleichen wir blitzschnell mit Bekanntem.

Dies geschieht meistens ganz unbewusst. Wir öffnen die Schubladen mit unseren Erfahrungen und unseren Erlebnissen. Wir stellen Zusammenhänge her und verleihen dem ganzen einen Sinn. Wir interpretieren und vermuten. Wie könnte sich das Ganze auf mich und mein Leben auswirken. Dann schließen wir unsere Schubladen ganz schnell wieder.

*Beispiel Kino*

Nun ein Beispiel:
Sie schauen sich im Kino einen Film an. Der Mann ist auf Dienstreise und die Ehefrau ruft ihn am Abend an. Was denken Sie, wenn der Ehemann gerade mit einer jungen attraktiven Frau beim Abendessen sitzt? Was denken Sie, wenn Sie wissen, dass das Paar gerade frisch verheiratet ist?

Überlegen Sie: Wie interpretieren Sie die Dinge, die Sie heute, gestern oder letzte Woche bei Ihrem Partner wahrgenommen haben? Welche Unterschiede zu früher fallen Ihnen auf und wie interpretieren Sie diese?

Lief es in der letzten Zeit gut in Ihrer Beziehung oder machen Sie sich Gedanken? Welche Wirkung hat das auf Ihre Wahrnehmung? Sind Sie prinzipiell eher optimistisch oder eher realistisch?

*Bewerten*

Was machen wir nun mit unseren Interpretationen? Wir ziehen unsere Schlussfolgerungen und bewerten diese anschließend. Aufgrund des individuellen Wertesystems beurteilt Mann oder Frau die Situation und schaut, welche Konsequenzen das Ganze für sich persönlich hat. Denn unsere Bewertungen sind abhängig von individuellen Erfahrungen und unterschiedlichen Bedürfnissen. Sogleich öffnen wir die Schublade. „Aha, so ist das also. Wie damals. Das geht gar nicht. So ein mieser Schuft." Wir ziehen die Schublade auf, packen es rein und schließen diese wieder. Wir fällen unser Urteil oftmals wie ein Scharfrichter. Schnell und unwiderruflich. „Aha, so einer ist er also."

Überlegen Sie mal: Wie bewerten Sie das, was Sie bei Ihrem Partner wahrnehmen? Welche Auswirkungen hat die Interpretation und Bewertung auf Ihre Beziehung?

Hier noch ein wichtiger Hinweis: Wir können nicht verhindern, dass alles, was wir wahrnehmen, durch unseren Filter der Erfahrungen läuft und blitzschnell interpretiert und bewertet wird. Nur das Wissen darüber kann uns weiterbringen. Viele schwierige Situationen entstehen durch Fehlbewertungen oder verschärfen sich zumindest dadurch.

Hier ein Beispiel, das ich im Radio gehört habe: „Hurrikans mit Frauennamen fordern mehr Todesopfer als Hurrikans mit Männernamen." Ich war entsetzt, wie man so eine frauenfeindliche Nachricht im Radio verbreiten kann. Umso verblüffter war ich über die vermuteten Gründe, die dazu führten. Die Namen von Frauen wirken weniger bedrohlich als Männernamen. Das hat zur Folge, dass weniger Vorsichtsmaßnahmen ergriffen werden. Was dann zu mehr

*Viele schwierige Situationen entstehen durch Fehlbewertungen*

Opfern führt. Da fehlten mir dann doch die Worte! Wir haben alle unsere Erfahrungen, auch die mit Frauen, und die Schublade „Frauenname = geringe Bedrohung" zeigt ganz deutlich, zu welchen Fehlinterpretationen uns diese Interpretation veranlassen kann.

*Kurzge-schichte zum Thema Interpre-tation* Hier noch eine kurze Geschichte zum Thema Interpretation. Folgendes hat mir eine Kollegin von ihrem Familienurlaub an der Küste Griechenlands erzählt. „Mein Mann und meine Kinder wollten nach dem Mittagessen noch eine Runde Tischtennis spielen. Daher ging ich alleine mit meinem Buch zurück zum Strand. Dort angekommen sah ich, dass ein Mann unter meinem Sonnenschirm lag. Ich wollte ihn darauf aufmerksam machen, doch er hatte einen dunklen Teint, braune Augen und schwarze Haare. Also offensichtlich kein Deutscher und damit hätte er mich sowieso nicht verstehen. Das ist ja ganz schön dreist, sich einfach unter meinen Schirm zu legen, dachte ich. Und nun benutzte er auch noch meine Sonnencreme.

Ich dachte nun, so frech wie der bin ich jetzt auch und schob meine Liege direkt neben ihn unter den Sonnenschirm und angelte nach der Sonnencreme, um mich ebenfalls einzucremen, in der Hoffnung, dass er das nun wohl verstehen und den Platz räumen würde.

Aber er lächelte nur. Als er nach einiger Zeit aufstand und den Platz verlies, lächelte er mich noch einmal kurz zu. Nun wollte ich mein Buch zurück in meine Badetasche stecken und stellte fest, dass er mir jetzt auch noch meine Tasche geklaut hatte. Als ich schauen wollte, ob ich ihn noch irgendwo entdecke, da bemerkte ich, dass meine Tasche drei Liegen weiter stand. Und meine Sonnencreme lag darauf.

Ich hatte in keiner Weise daran gedacht, dass ich mich getäuscht hatte".

Soviel zum Thema, wie schnell man interpretiert, damit womöglich ganz falsch liegt und falsche Schlüsse zieht ...

**Kurz zusammengefasst:**
Unsere Schublade ist geprägt von unserem individuellen Erfahrungsschatz, unserer Prägung durch die Herkunft und Erziehung und durch unsere momentane Befindlichkeit. Wir interpretieren und bewerten in Sekundenbruchteilen ganz automatisch. Viele schwierige Situationen entstehen durch Fehlbewertungen oder verschärfen sich dadurch.

## TUN ODER SEIN, DAS IST HIER DIE FRAGE     4.4

Ob wir sagen, „du bist" oder „du tust" hat eine große Bedeutung für unsere Beziehung. Was den Unterschied ausmacht, schauen wir uns nun genauer an.

Erinnern Sie sich an das Paar Julia und Mark. Da war Julia, die nach zwei Jahren Beziehung total frustriert war und sich fragte, wie es soweit kommen konnte. Warum sie sich so getäuscht hatte?
Folgende Fragen wurden Julia und Mark gestellt:

1. Mit welchen Begriffen haben Sie am Anfang der Beziehung Mark beschrieben?
2. Wie beschreiben Sie ihn heute?

Wir schauen uns hier nur an, was Julia notiert hat:

Mark ist ruhig und zurückhaltend und kann sich gut mit sich selbst beschäftigen, er unterhält witzig, achtet auf die Kosten, liest gerne und wir führen anspruchsvolle Gespräche.

Heute beschreibt Julia Mark so: Er ist eine Spaßbremse, ein Pfennigfuchser, ein Zyniker und ein Bücherwurm. Was uns am Anfang am anderen fasziniert und begeistert, ist genau das, was uns im Laufe der Zeit auf den Wecker geht und nervt. Die damals positiven Charakter-Eigenschaften werden heute nun als Vorwürfe und fixe Zuschreibungen formuliert. Was meinen wir damit? Aus einer kritikwürdigen Verhaltensweise wird hier eine nicht veränderbare Eigenschaft der Persönlichkeit. Und das hat verheerende Folgen. Denn diese Zuschreibung kann man/frau nicht verändern. Eine Beobachtung dagegen zeigt auf, was jemand tut. Und was jemand tut, kann auch verändert werden. Wenn ich will, kann ich heute das eine und morgen etwas anderes tun. Hilfreich ist es daher, statt der Zuschreibung einer Eigenschaft, die Wahrnehmung zu benennen. Also zu sagen, was sie beobachtet hat. Dies könnte im Falle von Julia so aussehen:

Statt der Zuschreibung Bücherwurm: Die Beobachtung: Wenn er von der Arbeit kommt, zieht er sich in die Leseecke zurück und liest.

Statt der Zuschreibung Spaßbremse: Die Beobachtung: Wenn wir mit Freundinnen ausgehen, sitzt er in der Ecke und tanzt nicht mit uns.

Statt der Zuschreibung Zyniker: Die Beobachtung: Er macht abfällige Bemerkungen über meine Freundin, wie zum Beispiel: „Die wird vor lauter Ausgehen nie erfolgreich im Beruf sein."

Statt der Zuschreibung Pfennigfuchser: Die Beobachtung: Zu unserem Zweijährigen hat er mir zwei Rosen geschenkt. Zu einem gemeinsamen Essen hat er mich nicht eingeladen.

Hier können Möglichkeiten für Veränderungen und somit Lösungsmöglichkeiten gefunden werden. Zum Beispiel kann Julia nun ab und zu alleine mit ihren Freundinnen zum Tanzen gehen. Oder Mark kann mitgehen und Julia beim Tanzen zuschauen. Oder er besucht einen Tanzkurs mit ihr. Noch viele weitere Lösungen können entstehen.

Hier entstehen Möglichkeiten für alle Situationen, getreu dem Motto „Nichts ist unmöglich".

*„Nichts ist unmöglich"*

## Kurz zusammengefasst:

Es ist ein großer Unterschied, ob wir eine Beobachtung machen, oder ob wir unserem Partner eine nicht veränderbare Eigenschaft der Persönlichkeit zuschreiben. Die Beobachtung kann zu vielen verschiedenen Lösungsmöglichkeiten führen. Denn was wir tun, können wir jederzeit verändern, wenn wir wollen.

Folgende Übung kann Ihnen helfen, wenn es Ihnen wie genau so geht wie Julia und Mark oder auch nur der spannenden Erfahrung wegen:

*Spannende Beziehungsübung*

1.  Mit welchen Begriffen haben Sie am Anfang der Beziehung  Ihren Partner beschrieben?
2.  Wie beschreiben Sie ihn heute?
3.  Was tut er oder sie konkret?

## „DIE BLINDEN UND DER ELEFANT"

Eine kleine etwas gekürzte Geschichte aus unbekannter Quelle: „Es wird erzählt, das vor vielen Jahren in einem Königreich fünf blinde Männer waren, die sich über ein sonderbares Tier stritten. Keiner der Männer hatte dieses Tier je gesehen. Als der König dies hörte, lies er den Männern ausrichten, er würde die Reise finanzieren, wenn sie sich nach Indien, aufmachen um dieses Tier, den Elefanten, zu erkunden. Als Gegenleistung verlangte der König von den Männern die genaue Beschreibung des Tieres.

Nach der Rückkehr der Reisenden, war der König schon gespannt und hörte sich die Beschreibungen der einzelnen an. Der erste Blinde berichtet.

Mein König, ein Elefant hat die Form, so wie ein Seil, mit ein paar Haaren am Ende. Der erste Blinde hatte den Schwanz genau erforscht und berichtete darüber in allen Einzelheiten.

Der zweite Blinde berichtete. Mein König, der Elefant hat die Form einer Säule. Der Blinde stand vor einem Fuß und erforschte diesen bis in Detail.

Der dritte Blinde berichtete, mein König, der Elefant ist wie eine Hand mit Saugrohr die stark und beweglich ist. Der Blinde hatte sich hauptsächlich mit dem Rüssel beschäftigt.

Der vierte Blinde berichtete dem König der Elefant hat die Form eines dünnen und geschmeidigen Palmwedels. Der Blinde hatte die Ohren genau untersucht.

Der fünfte Blinde berichtete. Das Tier ist eine große Runde Masse mit einigen Borsten. Dieser Blinde stand unter dem Tier und hatte den Bauch betastet.

Der König dankte jedem für seinen Bericht, lächelte und sagte weise: „Jetzt kann ich mir vorstellen wie der Elefant aussieht." Ein Elefant ist ein Tier mit einem Rüssel, der wie ein langer Arm mit Saugrohr ist, mit Ohren, die wie Palmwedel sind, mit Beinen, die wie starke Säulen sind, mit einem Schwanz, der einer kleinen Strippe mit ein paar Haaren daran gleicht und mit einem Rumpf, der wie eine große Masse mit Rundungen und ein paar Borsten ist."

Die fünf Blinden senkten beschämt den Kopf als sie merkten, dass jeder von ihnen nur einen Teil ertastet hatte und sich damit zufrieden gegeben hatten."

## Wie Ihre Wahrnehmung ausgetrickst wird und was Sie dagegen tun können noch einmal in Kürze:

„Wir sehen die Dinge nicht wie sie sind, sondern wie wir sind" (Talmund)

Was wir überhaupt und wie wir Dinge wahrnehmen, hat vor allem mit uns zu tun.

Wir haben in Beziehungen oftmals einen ganz speziellen Fokus. Dass wir in Sekundenbruchteilen Beobachten, Interpretieren und Bewerten, hat unser Überleben gesichert. In unserer Kommunikation und natürlich vor allem in angespannten Situationen ist es hilfreich, sich diesen blitzschnellen Ablauf bewusst zu machen und Beobachtung, Interpretation und Bewertung voneinander zu trennen.

Erinnern Sie sich in Zukunft an folgenden Witz: Ein Mann fragt einen anderen Mann, was er da unter der Laterne sucht? „Meinen Schlüssel", antwortet der Mann. Sind Sie sicher, dass Sie ihn genau hier verloren haben? „Nein, aber nur hier habe ich genügend Licht zum suchen". So begleiten

*„Wir sehen die Dinge nicht wie sie sind, sondern wie wir sind."*

uns unsere Erfahrungen, gleichsam wie die Laterne am Straßenrand. Oft, aber eben nicht immer, sind unsere Erfahrungen hilfreich.

Auch ist es wichtig, unserem Partner nicht unveränderbare Eigenschaften zuzuschreiben, sondern die Wahrnehmung mitzuteilen. So entstehen Lösungsmöglichkeiten.

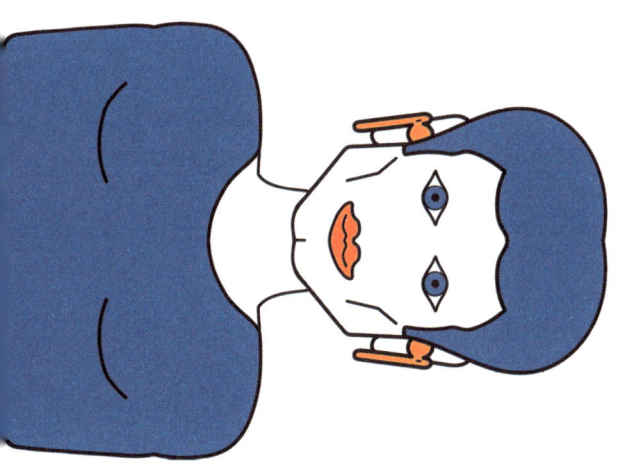

# „MAN KANN NICHT
# NICHT KOMMUNIZIEREN"

Paul Watzlawyk

„Man kann nicht nicht kommunizieren", sagt Paul Watzlawick, ein österreichischer Kommunikationswissenschaftler und Psychologe. So sind 93% unserer Kommunikation nonverbal, sprich ohne Worte. Also auch jede Antwort, die wir nicht bekommen, Schweigen, ist Kommunikation! Unsere Gestik, unsere Mimik, aber auch Stimmlage, Tonhöhe und Sprechgeschwindigkeit bestimmen unsere Kommunikation.

Wenn wir mit Worten oder Gesten miteinander kommunizieren, ist das ein sehr komplexer Vorgang und da ist es nicht verwunderlich, dass es ganz leicht zu Übertragungsstörungen und Fehlern kommt.

Eher verwunderlich ist es, wenn es nicht dazu kommt. Und nun haben wir wahrscheinlich eher für Männer eine gute und eine schlechte Nachricht. Erst die vermeintlich schlechte, wie Ralf Dahrendorf sagt: „Probleme, die durch Kommunikation entstehen, können nur durch Kommunikation gelöst werden."

*„Probleme, die durch Kommunikation entstehen können nur durch Kommunikation gelöst werden"*

Und nun die Gute: Konstruktive Kommunikation ist erlernbar. Stellen Sie sich ein Geschenk vor: Liebevoll verpackt mit Schleife und Kärtchen mit dem Vermerk: An meinen Schatz. Der Schenkende hat sich große Mühe gegeben, das Geschenk auszusuchen und ist auch überzeugt, dass er eine gute Wahl getroffen hat.

Er hat sich Gedanken gemacht, was er schenken will. Welchen Betrag habe ich zur Verfügung? Was hat meine Herzallerliebste für Wünsche? Was möchte ich mit diesem Geschenk von mir übermitteln? Was möchte ich damit bezwecken? Das waren seine Gedanken auf der Suche nach dem ultimativen Geschenk: Was hat sie für Wünsche? Sie möchte mehr Zeit für ihr Wohlbefinden haben.

Was möchte ich von mir übermitteln? Du bist mir wichtig und daher versorge ich in dieser Zeit die Kinder.

Was möchte ich damit bezwecken? Dass sie mehr Bewegung hat als Ausgleich für die sitzende Tätigkeit im Büro.

Was schenke ich? Einen Gutschein fürs Fitnesscenter. Das Geschenk hat er nun hübsch in Seidenpapier eingeschlagen und der Partnerin übergeben. Dann wartet er ganz gespannte auf die Reaktion. Die Schleife wird geöffnet und das Papier entfernt. Jedoch es kommt nicht nur der Inhalt des Päckchens an. Sondern noch viel mehr.

Wie das Geschenk beim Empfänger ankommt, ob sie sich freut, oder überrascht ist, das hat vor allem etwas mit dem Beschenkten zu tun. Ganz klar!
Wie ist die Reaktion in unserem Fall?

- Sie ist begeistert: „Er hat meinen Wunsch nach mehr Zeit für mich alleine gehört", oder
- sie ist entrüstet: „Ich bin dir wohl zu dick", oder
- sie denkt: „Ich bin ihm wohl wichtig, dass er sich die Zeit freihält und die Kinder übernimmt" oder
- sie jammert: „Fitnesscenter sind doch viel zu teuer."

Wie würde das Geschenk bei Ihnen ankommen?

Wir machen uns viele Gedanken und trotzdem entscheidet der Beschenkte, wie das Geschenk ankommt und somit wie er reagiert. Einer schenkt und einer packt aus. Und dann natürlich wieder andersrum.

Genau so läuft es auch, wenn wir miteinander sprechen. Der eine spricht und der andere hört. Schauen wir uns dazu das bekannte Beispiel eines Paares im Auto von Schulz von

Thun an: Er: „Du, da vorne ist grün!" Die reine Information ist einfach: Die Ampel ist grün.

Und trotzdem ist das hier alles andere als einfach. Genau das Gegenteil ist der Fall! Es können hier noch viele andere Botschaften mitschwingen. Zum Bespiel die Aussage über mich selbst: „Ich weiß, dass die Ampel bald auf Rot umschalten wird." Oder: „Ich habe es eilig."

Auch eine Information, wie sehe ich unsere Beziehung oder wie sehe ich dich, wird mitgeliefert. Zum Beispiel: „Ich traue dir nicht beim Autofahren." Und ein Appell: „Gib Gas, dann kommen wir noch bei grün über die Ampel."

Dies alles oder noch ganz anderes könnte in der Botschaft enthalten sein. Was würden Sie hören, wenn Ihr Partner das zu Ihnen sagt?

Es ist genau wie bei einem Geschenk, es kommt wesentlich mehr an als das pure Geschenk, die Sache. Sie erinnern sich. Wie sieht er mich und unsere Beziehung? Was will er, dass ich tue? Was sagt er über sich selbst aus? So wie bei einem Geschenk mehr als die Sache ankommt, so ist das auch in der Kommunikation.

*Eine Nachricht besteht immer aus vier Seiten*

Schulz von Thun verwendet das Bild eines Quadrats und sagt, eine Nachricht besteht immer aus vier Seiten.

Man kann auch sagen, wir sprechen immer mit vier Zungen. Wir informieren über Zahlen, Daten und Fakten. Wir erzählen aber gleichzeitig, welche Absichten und Gefühle wir haben und vor allem, was wir vom Gegenüber halten. Und natürlich sagen wir, was wir beim Anderen erreichen wollen und was er oder sie tun soll.

In jedem Satz geben wir eine Information weiter, sagen etwas über uns selbst und unsere Beziehung aus und wollen erreichen, dass der andere etwas tut. Es sind immer alle vier Aspekte dabei.

Hier noch einmal die vier Aspekte der vier Zungen:

1. Die Sachinformation: worüber ich informiere.
2. Die Beziehungsbotschaft: was ich von dir halte oder wie wir zueinander stehen.
3. Die Selbstkundgabe: was ich von mir selbst kundgebe.
4. Der Appell: wozu ich dich veranlassen möchte.

Und genauso wie wir mit den vier Zungen sprechen, so hören wir auch mit vier Ohren.

„Schatz, es ist kein Bier mehr im Kühlschrank". Was würde passieren, wenn Ihr Mann das zu Ihnen sagt? „Oh ja, das habe ich ganz vergessen. Ich hol dir gleich eines von unserer Nachbarin." Oder: „Ja, heute ist es so heiß. Schade, so ein Radler wäre jetzt der ideale Durstlöscher." Oder: „Ja, am besten du besorgst morgen gleich einen ganzen Kasten. Am Wochenende kommen ja noch Gäste zum Grillen." Oder: „Ja, stimmt." Und was denken Sie, was Ihr Mann hätte erreichen wollen? Sicherlich haben Sie eine Vermutung.

Meistens erkennen wir erst an den Antworten, mit welchem Ohr die Partnerin gehört hat. Wir kennen ja unsere Pappenheimer und wissen genau, wie er oder sie es meint. Was, wenn der Partner daraufhin ganz entsetzt sagt: „So habe ich es nicht gemeint!" Wunderbar, so klären sich Missverständnisse.

Aus meiner Erfahrung ist es aber oftmals so, dass wir uns verletzt zurückziehen, und sinnieren, so denkt er also über mich. Hab ich es doch gewusst. Oder es wird geschmollt und dem Partner nicht geglaubt, obwohl er beteuert: „Nein, so habe ich es doch nicht gemeint". Oder sie erwidert in wütendem Tonfall: „Hol dir doch dein Bier selbst", und fühlt sich bestätigt im Urteil über die „ehemals" bessere Hälfte.

Hier noch einmal die vier Aspekte der Ohren:

1. Das Sachohr: worüber werde ich informiert.
2. Das Beziehungsohr: was der/die andere von mir hält oder wie er/sie zu mir steht.
3. Das Selbstkundgabeohr: was erzählt er/sie von sich selbst.
4. Das Appellohr: wozu er/sie mich veranlassen möchte.

*Auch eine Gestik kann eine Nachricht sein*

Dieses Modell der vier Zungen und der vier Ohren trifft nicht nur auf einzelne Sätze zu. Eine Nachricht kann aus zwei oder mehr Sätzen oder auch nur aus einem Wort, zum Beispiel „Schluss", bestehen. Auch eine Gestik, zum Beispiel Hand mit der Handfläche zum anderen oder Tränen, sind Nachrichten. Es kann sich auch um einen ganzen Brief oder eine Mail handeln. Gerade diese Form der Kommunikation ist enorm störanfällig, und daher schwierig für beide Seiten, da die Mimik und Gestik als Interpretationshilfe nicht zur Verfügung steht. Hier nun ein persönliches Beispiel:

Mein Mann und ich sitzen gemütlich beim Kaffeetrinken an einem See. Ich lege meinen Keks auf den Tisch und trinke meinen Kaffee. Als ich nun meinen Keks essen möchte, ist er auf einmal nicht mehr da! Mein Mann hat ihn gegessen.

Seine Begründung: „Du hast den Keks doch für mich da hingelegt. Ich dachte, du magst ihn nicht.", Ich kann nun nicht sagen, ob sein Schmunzeln ausdrückt, dass er sich ganz geschickt einen Keks ergattert hat, oder dass er augenzwinkernd sagt: „Du als Kommunikationsprofi solltest noch an deiner nonverbalen Kommunikation arbeiten." Ich habe ihm daraufhin angeboten, dass er ein Gratis-Exemplar meines Hörbuches erhält mit der persönlichen Widmung: Auch für Keks klauende Härtefälle geeignet.

Oder: Ohne dich wäre es wohl nie zu diesem Buch gekommen. So läuft es also in Profifamilien. Ich denke er hat diese versteckte Botschaft verstanden, oder?

In den folgenden Kapiteln schauen wir uns die vier Seiten aus der Sicht des Sprechenden und des Hörenden noch einmal genau an.

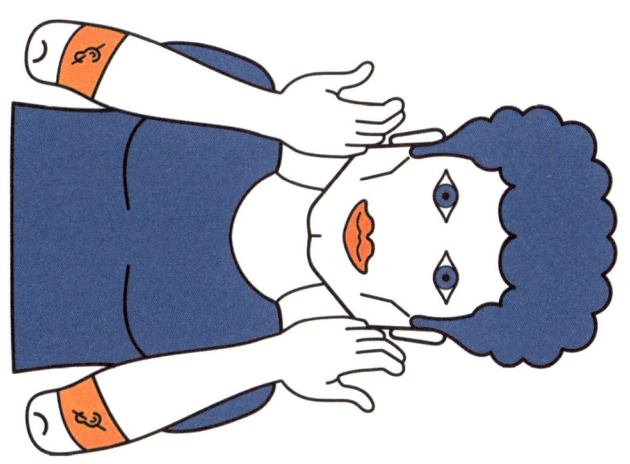

# WAS IHNEN ALLES ZU OHREN KOMMT

Die vier Ohren

## „ICH VERSTEHE WAS DU SAGST, ABER NICHT WAS DU MEINST."

Kennen Sie das Lied von Roger Cicero, in dem er singt: „Zieh die Schuh aus, bring den Müll raus, pass aufs Kind auf, und dann räum hier auf! Geh nicht spät aus! Nicht wieder bis um Eins." Worauf er antwortet: „Ich versteh was du sagst, aber nicht was du meinst."

*„Mach was du willst"*

Dazu passend hier nun ein Tipp für Männer, den wir vor kurzem im Internet gefunden haben: Wenn eine Frau sagt: „Mach was du willst", dann machen Sie bitte um Gottes willen nicht, was Sie wollen! Viele Männer haben mit solchen oder ähnlichen Aussagen schon ihre Erfahrungen gemacht.

Offenbar ein Geschenk. Ihre Geliebte lässt Ihnen die freie Wahl, oder versucht sie damit die Erfüllung ihres Anliegens zu erreichen? Sie hätten somit Ihren Willen und das ganze auch noch freiwillig, sozusagen ohne Aufforderung. Fast wie ein Geschenk, da sie Ihnen ja offenbar die freie Wahl gelassen hat. Sie sind auf jeden Fall in einer Zwickmühle. Die Botschaft: „Du kannst frei entscheiden", ist ausgesprochen. Der Ton verrät allerdings ganz deutlich: „Wehe, wenn du es tust!" Wie auch immer Sie reagieren, es kann nur falsch sein. Machen Sie, was Sie selbst wollen, ist sie beleidigt. Machen Sie, was sie will, und äußern Sie, dass Sie sich erpresst fühlen, wird sie es abstreiten. Solche widersprüchlichen Handlungsaufforderungen machen verrückt. Was tun?

Im nächsten Kapitel, „So bringen Sie Ihre Botschaft rüber", nehmen wir genauer unter die Lupe, was im Sender einer solchen Nachricht vor sich geht. Doch jetzt beschäftigen wir uns damit, wie wir die Zwickmühle des Empfängers lösen können. „Ich verstehe was du sagst, aber nicht was du willst." Was können wir als Empfänger tun, damit es zu weniger Missverständnissen kommt? Und vor allem, um die Botschaft möglichst schnell zu klären. Dazu schauen wir uns einmal an, was uns so alles zu Ohren kommt und was das mit uns zu tun hat.

## STÄRKEN UND SCHWÄCHEN DER OHREN  6.2

Wenn wir unsere Ohren nicht gerade auf Durchzug gestellt haben, können wir frei entscheiden, was wir mit welchem Ohr hören wollen. Wir entscheiden bewusst, aber oft auch ganz unbewusst, mit welchem Ohr wir lauschen. Und genau das führt oft zu Störungen. Vor allem, wenn wir mit dem Ohr hören, das der Sender eigentlich gar nicht ansprechen will, kommt es zu Missverständnissen und Ärger.

Oder der Empfänger hört nur mit einem Ohr und stellt sich taub für alle Botschaften, die sonst noch mitschwingen.

Schauen wir uns die unterschiedlichen Ohren und ihre Stärken und Schwächen einmal genau an:

### Das Sachohr

„Fahr vorsichtig, es ist glatt draußen." Prompt folgt die Antwort ist: „Ich habe meinen Führerschein seit 20 Jahren."

Gegen die Sachbotschaft hat der Empfänger hier wahrscheinlich gar nichts einzuwenden. Aber sehr wohl gegen die Bevormundung oder gegen das geringe Zutrauen in die Fahrkunst. Auch folgender Hinweis: „Denk dran, morgen wird der Müll geholt", wird beantwortet mit: „Hab ich das schon mal vergessen?" Gegen die Sachaussage ist auch hier nichts einzuwenden.

Richte ich folgende Frage an meinen Mann: „Hast du eine Uhr?" in Erwartung die genaue Uhrzeit zu erfahren, wurde ich bisher meistens enttäuscht. Die Antwort war – sie vermuten richtig – einfach JA, mit einem verschmitzten Lächeln.

Sollten Sie bemerken, dass Sie überwiegend mit dem Sachohr hören, dann hilft es, die Aufmerksamkeit auch auf die Zwischentöne wie Gestik, Mimik, Ton und Lautstärke zu richten.

*Das Beziehungs-ohr*

## Das Beziehungsohr

Dagegen ist das Beziehungsohr bei vielen bereits gespitzt und am stärksten ausgeprägt. Es ist manchmal sehr sensibel, vielleicht sogar (über-)empfindlich. Wenn man mit dem Beziehungsohr hört, bezieht man alles auf sich: „Du siehst heute gut aus", wird zu: „Aha, sonst gefalle ich Dir also nicht." „Frau Huber kümmert sich wirklich fürsorglich um ihre Eltern", wird zu: „Ich kümmere mich wohl nicht genug um euch."

Sollten Sie bei sich bemerken, dass sie vor allem mit dem Beziehungsohr lauern, bedeutet das nicht, dass sie sich eine dickere Haut zulegen sollen. Gleichzeitig ist es ratsam aufzupassen, nicht (über-)empfindlich zu reagieren.

*Das Selbstkund-gabeohr*

## Das Selbstkundgabeohr

Wenn ich mit dem Selbstkundgabeohr höre, dann nehme ich vor allem die Bedürfnisse des anderen wahr. Höre also, was mein Partner braucht.

Wenn mein Partner sich zum Beispiel mit Kopfhörer ins Wohnzimmer setzt, nehme ich an, dass er wohl Ruhe braucht und sich bei klassischer Musik entspannen will.

Wenn meine Partnerin wettert, dass es hier wie in einem Saustall aussieht, vermute ich zum Beispiel, dass sie einen schlechten Tag im Büro hatte.

Sollten Sie bemerken, dass Sie vor allem mit dem Selbstkundgabeohr hören, bedeutet das nun nicht, dass Sie sich nun jeden Schuh anziehen sollen und gleichzeitig ist es hilfreich, die Hinweise auf die Beziehung zu bemerken.

Selbstkundgabeohr und Beziehungsohr im konstruktiven Miteinander:

Wenn meine Partnerin mir sagt, dass sie mehr Ordnung braucht, und ich lausche mit dem Beziehungsohr, werde ich eventuell hören, dass ich unordentlich und schlampig bin. Ich höre also, wie sie mich sieht. Wenn ich dagegen mit dem Selbstkundgabeohr höre, dann höre ich nur ihr dringendes Bedürfnis mehr Ordnung zu bekommen. So eine ist sie, sie braucht sehr viel Ordnung und Struktur. Wenn mein Partner sich mit Kopfhörern ins Wohnzimmer setzt, nehme ich an, dass er wohl Ruhe braucht und sich bei klassischer Musik entspannen will. Hier sollte ich nicht mit dem Beziehungsohr phantasieren: „Ich bin ihm wohl zu laut." Oder: „Aha, er zieht sich von mir zurück, er liebt mich nicht mehr".

In Partnerschaften und Beziehungen ist es hilfreich, mehr auf die Aussage zu hören, die der Sender über sich selbst sagt. Es ist besser den Fokus auf das Bedürfnis des anderen zu richten, als die versteckte Botschaft: „So sieht er mich also", zu verstehen. Auch bei Vorwürfen kann es nützlich sein, die Botschaft, die der andere über sich selbst macht, wahrzunehmen. „Er muss einen schlechten Tag im Büro gehabt haben, dass er so schlecht drauf ist."

Dadurch wäre viel gewonnen. Wir hätten dann nicht gleich Angst um unsere weiße Weste und könnten dem anderen eher seine Gefühle zugestehen. Aufmerksam dem anderen zuhören ist dann besser möglich, wenn wir erst einmal hören, wie es dem anderen geht.

Die Gefahr ist dabei jedoch, dass man gar nichts mehr an sich herankommen lässt. Da spart man sich jede Betroffenheit. Es geht darum, den anderen wahrzunehmen und den eigenen Anteil nicht zu verleugnen. Ja, das ist schwierig. Es geht in Beziehungen nicht um das Thema, was ist richtig und was ist falsch, sondern darauf zu schauen, was braucht der andere und was brauche ich, um dann Lösungen zu finden. Und dazu brauchen wir beide Ohren. Das Selbstkundgabe- und das Beziehungsohr. Wir müssen für uns sorgen und auch gleichzeitig die Bedürfnisse des anderen hören. Dabei geht es nicht darum, die Bedürfnisse sofort umzusetzen.

## Das Appellohr

Wenn wir miteinander sprechen, tun wir das in der Regel nicht einfach nur so, sondern wir wollen etwas erreichen. Dies kann offen oder verdeckt passieren. Es werden Ratschläge, Anweisungen, Wünsche und vieles mehr mit auf den Weg gebracht. Wir fragen uns, was sollen wir nun denken oder fühlen? Oder konkret, was sollen wir tun oder nicht tun? „Es ist schön mit dir den Abend vor dem Kamin zu verbringen", kann bedeuten „lass uns das öfter machen". „Ich habe solchen Hunger." Diese Aussage kann einen zuvorkommenden Partner zur sofortigen Reaktion: „Ich decke sofort den Tisch fürs Abendessen" veranlassen. Partner mit einem sensiblen Appellohr sind sehr hilfsbereit. Und gleichzeitig sollten Sie Ihre eigenen Bedürfnisse nicht aus den Augen verlieren oder sich gar ausnutzen lassen.

### Kurz zusammengefasst:

Unsere vier Ohren haben ganz unterschiedliche Stärken und auch Schwächen: Wer mit dem Sachohr hört, reflektiert sachlich und neutral, ist unempfindlich, objektiv und ergebnisorientiert. Allerdings überhört es „Zwischentöne" und ist eher unpersönlich bis gefühllos.

*Stärken und Schwächen der vier Ohren*

Partner, die überwiegend mit dem Beziehungsohr hören, sind einfühlsam und sensibel und lesen auch zwischen den Zeilen. Sie hören das Gras wachsen und sind leicht gekränkt oder verärgert. Sie sind schnell verletzt und nehmen alles persönlich. Personen, die mit dem Selbstkundgabeohr hören, sind verständnisvoll und fühlen sich ein. Probleme werden jedoch eher auf den anderen verlagert und die eigene Persönlichkeit wird nicht hinterfragt.

Wer überwiegend mit dem Appellohr hört, reagiert hilfsbereit und zuvorkommend und ist sehr lösungsorientiert. Diese Personen neigen jedoch dazu, wenig auf die eigenen Bedürfnisse zu achten und lassen sich leicht ausnutzen.

## GANZ OHR SEIN –
## ODER EHER ALLE VIER OHREN NUTZEN

Wie gelingt nun das Hören, werden Sie sich fragen? Was ist nun zu tun? Das ist ja wirklich ganz schön schwierig, denken Sie vielleicht. Die Kombination macht's. Denken Sie zurück, als Sie Ihren Führerschein gemacht haben. Wie kann ich das alles gleichzeitig tun? Auf die Straße schauen, den Verkehr beobachten, lenken, kuppeln, schalten und Verkehrszeichen lesen und beachten? Setzen Sie sich nicht unter Druck. Sie werden merken, wie Ihnen das Wissen über die vier Ohren als Kommunikationshelfer zur Seite steht. Und hüten Sie sich vor Perfektionismus. Leben bedeutet Fehler zu machen und daraus zu lernen. Wie meistens im Leben schaden Extreme mehr als sie helfen. Auch bei den Ohren ist es so, dass die Kombination von Sachohr, über das Beziehungsohr und das Selbstkundgabeohr bis zum Appellohr am meisten bewirkt. Die Kombination der Ohren hilft, dass ich den anderen ganz wahrnehme. Natürlich ist es auch dann noch meine Interpretation mit meinen, aber immerhin vier Ohren. Gehen Sie erst einmal davon aus, dass sie etwas falsch verstanden haben. Fragen Sie nach, ob Sie richtig liegen.

*Hüten Sie sich vor Perfektionismus*

Nachfragen und ehrliches Interesse am anderen wird nicht nur Klarheit bringen. Gleichzeitig wird dem anderen auch deutlich: hey mein Schatz interessiert sich wirklich für mich und meine Wünsche. Ich bin ihm wichtig. Und das ist ein wunderbarer Schlüssel für eine gelungene Beziehung. Und wirkt natürlich ebenso im Freundeskreis und auch im Berufsleben. Missverständnisse klären sich auf und das Leben miteinander wird leichter.

Und wie beim Führerschein wird es durch die ständige Übung immer leichter, alles miteinander zu kombinieren und ein Gefühl dafür zu bekommen, an welchen Stellen welche Ohren wirken und wo man besser noch einmal nachfragen sollte. Sie werden überrascht sein, wie oft man/frau etwas falsch versteht, weil unsere „Lieblingsohren" gleich zur Stelle sind, um eine Nachricht aufzunehmen. Und bevor wir in gewohnter Art und Weise reagieren und damit vermutlich in die falsche Richtung galoppieren, ist es sehr hilfreich, durch Nachfragen herauszuhören, was mir mein Partner wirklich sagen wollte.

Ich kann mich gut an eine meiner ersten Mediationen, also an ein Klärungsgespräch mit einem Ehepaar, erinnern. Der eher schweigsame Mann hat mir und meiner Kollegin seine Sicht der Dinge geäußert. Und ich als „Kommunikationsprofi" konnte ihn nicht verstehen. Das lag sicherlich nicht an ihm. Nach dem dritten Nachfragen, bemerkte ich bei mir ein Gefühl von Unsicherheit, Zweifel an meiner Professionalität und Angst davor, wie meine Kollegin mein Unverständnis interpretieren würde. Ganz kurz hatte ich daher den Gedanken zu schwindeln: „Ah ja, so meinen Sie das." Was ich glücklicherweise nicht tat. Erst beim vierten Nachfragen konnte ich nun die Wünsche und Gedanken des Ehepartners verstehen. Und siehe da, noch bevor ich antworten konnte, rief seine Frau aus: „So meinst du das!" Plötzlich war das Eis gebrochen und die Lösung war auch bald gefunden. Und das ist in meiner Praxis wahrlich kein Einzelfall.

Erinnern Sie sich noch an die Zwickmühle: „Mach was du willst." Auch hier ist es nun hilfreich, ganz Ohr zu sein und sowohl die Worte als auch die nicht gesprochenen Anteile, wie Mimik oder Tonlage, zu beachten. Hören und fühlen wir mal genau hin, was wir hier interpretieren können. Wir werden darüber informiert: „Ich kann tun was ich will."

Was hält Sie von mir und wie stehen wir zueinander? „Du bist ein freier und selbstbestimmender Mensch", oder die Stimme und Tonlage verrät: „Du würdest mir nie diesen Wunsch erfüllen."

Was erzählt sie von sich selbst? Sie möchte mich nicht einschränken. Sie ist traurig oder resigniert, flüstert die Stimme. Wozu will Sie mich veranlassen? Der gesprochene Appell ist: „Tu was du willst." Und die traurige Stimme sagt: „Bleib hier." Das Sachohr hört eine Botschaft. Alle anderen Ohren hören jeweils völlig unterschiedliche und sogar konträre Aussagen.

Auch in diesem Beispiel hilft es alle unterschiedlichen Ohren zu nutzen. Fragen Sie ganz gezielt nach. Berichten Sie dem Partner von Ihrer Verwirrung und überprüfen Sie Ihre Interpretation und Vermutungen. Dadurch ermöglichen Sie dem Sender einer solch mehrdeutigen Botschaft die Selbstklärung. Diese ist im Gespräch leichter als alleine. Es setzt jedoch voraus, dass der andere bereit ist, sich mit seinem Verhalten auseinanderzusetzen.

## Kurz zusammengefasst:

Als Empfänger einer Nachricht sollten wir darauf achten mit allen Ohren gleich gut zu hören. Seien Sie also ganz Ohr! Vergewissern Sie sich, ob Sie mit Ihren Vermutungen und Interpretationen richtig liegen.

Stellen Sie sich jetzt die Frage: „Und wie höre ich? Welches Ohr ist bei mir besonders ausgeprägt?"

Selbsteinschätzungsbogen:
Bitte füllen Sie den Bogen aus, ohne lange zu überlegen. Einfach ganz spontan. Werten Sie den Bogen dann aus. Im Anschluss daran überprüfen Sie das Ergebnis. Sehen Sie sich auch so? Oder sehen Sie sich ganz anders. Nehmen Sie das Ergebnis als Möglichkeit sich mit Ihren Ohren auseinanderzusetzen. Bitte bedenken Sie auch, dass in unterschiedlichen Situationen auch mit unterschiedlichen Personen eventuell auch unterschiedliche Ohren besser hören.

*Übung und Auflösung Selbsteinschätzungsbogen siehe Anhang S. 182*

    Hier kann es hilfreich für Sie sein, wenn Sie sich das Kapitel „Stärken und Schwächen der Ohren" noch einmal anschauen.

**„Was Ihnen alles zu Ohren kommt" noch einmal in Kürze:**
Wenn wir miteinander kommunizieren tun wir das nicht nur mit Worten. Gestik, Mimik, Lautstärke, Tonmelodie prägen zu einem großen Teil unsere Gespräche.
Als Empfänger einer Nachricht sollten wir darauf achten mit allen Ohren gleich gut zu hören. Mit welchem Ohr hören wir besonders gut? Mit dem Sachohr. Dann kann es sein, dass wir Gefühle und Bedürfnisse nicht wahrnehmen oder auch nicht an uns herankommen lassen.
Ist ihr Beziehungsohr zu stark ausgeprägt, hören sie das Gras wachsen. Das Selbstkundgabeohr kann uns taub machen für

unseren eigenen Anteil. Und die Frage, was mein Gegenüber erreichen möchte, sollten wir bewusst hören, um dann ebenso bewusst zu entscheiden. Seien Sie also ganz Ohr! Fragen Sie sich, was jemand anders hören würde. Vergewissern Sie sich beim Partner. Gehen Sie davon aus, dass das, was sie hören, mit Ihnen zu tun hat.

*„Was ich gesagt habe weiß ich erst, wenn ich die Antwort gehört habe"*

Paul Watzlawik formulierte es so: „Was ich gesagt habe weiß ich erst, wenn ich die Antwort gehört habe." Gehen Sie also erst einmal davon aus, dass Sie etwas falsch verstanden haben. Missverständnisse sind die Regel und wir werden sie nicht verhindern können. Fragen Sie nach, ob Sie richtig liegen. Nutzen Sie die Möglichkeit nachzufragen, um Ihre Interpretationen zu überprüfen.

Scheuen Sie sich nicht, frühzeitig die professionelle Unterstützung eines Kommunikations-Fachmanns zu suchen, bevor mehr Schaden entsteht. Je früher Sie sich Klärungshilfe suchen, desto geringer ist der zeitliche Aufwand und die Kosten und desto schneller erfolgt die Lösung und die Klärung.

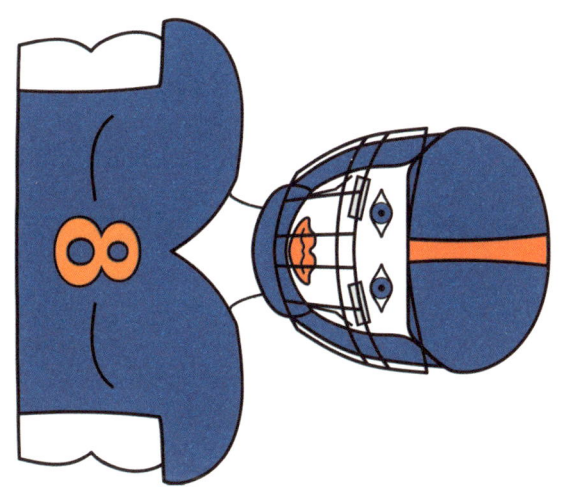

## SO BRINGEN SIE IHRE
## BOTSCHAFT RÜBER

„Schatz du nervst!"

**7.0**

„Schatz, du nervst!"

Was glauben Sie wollte dieser Mann oder diese Frau mit diesem Satz erreichen? Sie wissen es nicht? Was vermuten Sie? Sich einfach den Frust von der Seele sprechen? Oder den Partner zu einem anderen Verhalten motivieren? Glauben Sie, dass dieser Satz erfolgversprechend ist und der oder die Partnerin in Zukunft nicht mehr nervt? Wohl eher nicht.

Dazu habe ich für Sie ein Beispiel, aus der Buchreihe „Der Elefant von Parma": Eine besorgte Ehefrau zu ihrem Mann: „Ich möchte, dass du zukünftig nicht mehr so lange arbeitest." Der Ehemann geht nun jeden Abend frühzeitig mit seinen Kollegen auf ein Bierchen. Fraglich, ob das Ergebnis in dieser Form gewünscht war.

Wie bringe ich nun meine Botschaft so rüber, dass ich verstanden werde? Ich weiß nun, dass bei meinem Gegenüber alle vier Seiten meiner Botschaft ankommen. Um meine Nachricht erfolgreich an den Mann oder die Frau zu bringen, ist es hilfreich, die vier Seiten meiner Botschaften möglichst stimmig zu formulieren.

Dabei hilft folgendes: Ich wähle die sprachlichen Anteile, also die Worte und die nichtsprachlichen, also Gestik, Mimik und Tonlage zueinander passend.

Zum Beispiel passt eine wütende Stimme zu: „Ich bin so ärgerlich, wenn die Telefonate mit deinen Freundinnen am Abend über einen Stunde dauern." Dagegen passt ein freundliches Lächeln zum Satz: „Danke, dass du mir den Gang zur Behörde abgenommen hast." Die Stimmigkeit und die Authentizität sind ein bedeutender Anteil für ein gelungenes Gespräch. Weiter ist es wichtig, die Selbst- und Beziehungsbotschaft klar und offen zu vermitteln und als letztes den

Appell als Wunsch direkt auszusprechen. Folgende Reihenfolge unterstützt dabei: Als erstes schaffen wir ein positives Klima und kümmern uns um die Beziehungsseite.

Dann stelle ich meine Sichtweise dar und zeige, wie es mir geht oder was ich brauche und kläre damit die Sache und meine Selbstkundgabeseite.

Schließlich teile ich mein Anliegen mit oder bitte ganz konkret um etwas. Und dabei spielt es keine Rolle, ob die Nachricht aus einem oder mehreren Sätzen besteht oder sogar ein komplexeres Thema oder Gespräch betrifft. Wie das nun genau aussieht, erklären wir in den folgenden fünf Kapiteln:

## POSITIVES KLIMA SCHAFFEN ODER DER TON MACHT DIE MUSIK 7.1

„Der Ton macht die Musik", das ist allgemein bekannt. Aus eigener Erfahrung weiß ich, dass es einen sehr schlagfertigen und gleichzeitig humorvollen Ehemann braucht, um unklare Formulierungen zum Wohle der Beziehung umzuwandeln. Meine Aussage „Du regst mich auf!" kommentiert er mit: „Schön, dass ich auch heute noch so aufregend für dich bin!" und schafft es, die Situation zu entschärfen!

Humor, wenn nicht unter dem Deckmantel der Ironie, ist ein ganz hilfreiches Gewürz, um nicht bierernst – wie man in Bayern so schön sagt – zu versauern. Nun kann Frau nicht immer darauf vertrauen, dass der Ehemann die Worte ent-

*Humor ist ein hilfreiches Gewürz*

schärft. Im letzten Kapitel haben Sie gesehen, dass das Beziehungsohr meistens gespitzt und sehr hellhörig ist. Daher ist es sehr wichtig, erst einmal für ein positives Klima zu sorgen. Ein positives Klima schaffen bedeutet natürlich auch, dass ich ein wichtiges Thema zu einem geeigneten Zeitpunkt und in einer geeigneten Atmosphäre anspreche.

Wenn ich zum Beispiel weiß, dass mein Partner im wahrsten Sinne des Wortes „ungenießbar ist" solange er noch nicht gefrühstückt hat, dann bringt es nichts, ihm kurz nach dem Aufstehen im Bad mitzuteilen zu wollen, dass schon wieder Reste von Zahnpasta im Waschbecken kleben. Das kann ich dann noch so einfühlsam ansprechen, es wird nicht ankommen. Es ist auch nicht sinnvoll, wichtige Themen anzusprechen, wenn mein Schatz sich gerade in einer schwierigen Phase befindet.

Aber Achtung: Manche neigen dann dazu bei wichtigen Themen, die ja oftmals für den Partner eher unangenehm sind, zu lange auf den „geeigneten Moment" zu warten. Und hier lauert die Gefahr: Denn ein Thema, das nicht angesprochen wird, ist deshalb noch lange nicht verschwunden. Im Gegenteil: Es bleibt präsent. Es kann sich sogar eher noch verstärken, je länger es unausgesprochen bleibt.

Ebenso wenig wird ein kurzer Satz, hingeworfen zwischen Tür und Angel, zum Gelingen des Gesprächs beitragen. Wichtig ist es daher uns dem Partner ganz zuzuwenden, statt ihm oder ihr die „kalte Schulter" zu zeigen, also uns abzuwenden.

Zuletzt hat die nonverbale Seite für das positive Klima eine besondere Bedeutung. Nicht umsonst heißt es: „Der Ton macht die Musik".

Kontraproduktiv ist daher ein bestimmender Ton, der dem anderen zeigt, ich Chef du Hiwi. Ich halte nichts von dir! Das bedeutet nicht, dass wir säuseln oder in hohen Tönen begeistern müssen. Sondern eher, dass der Partner sich als Mensch und als gleichwertige Person behandelt fühlt. Dies bedeutet aber auch, wenn wir uns ärgern, nicht mit einem Lächeln auf den Lippen und freundlichem Ton zu sagen: „Räume doch bitte deine Schuhe in den Schrank." Sondern eher: „Wenn ich heimkomme und deine Schuhe hinter der Türe stehen sehe, ärgere ich mich sehr. Bitte, räume die Schuhe jetzt in den Schrank!" Der Ärger bahnt sich nun nicht mehr in der Lautstärke ungebremst seinen Weg, da er ja in Worte gefasst ist. Der Ton ist bestimmt und nicht verletzend. Es geht hier nicht um Kuschelpädagogik. Es geht darum, beim Partner Gehör zu finden.

Verständlich ist natürlich auch, dass wir unsere bessere Hälfte einfühlsam ansprechen: „Dass es uns beiden gut geht, ist mir sehr wichtig. Ich möchte dir nun meine Sicht der Dinge mitteilen und dann würde ich gerne hören, wie du das siehst." Und ganz wichtig dabei ist, dass wir unseren Partner ansehen. Blickkontakt ist ein Zeichen von Wertschätzung und daher sehr wertvoll.

*Blickkontakt ist ein Zeichen von Wertschätzung*

## Kurz zusammengefasst:

Schaffen Sie ein positives Klima, indem Sie auf den richtigen Zeitpunkt und die Atmosphäre achten. Zeigen Sie Ihre Wertschätzung indem Sie sich zuwenden und auf Blickkontakt achten. Und denken Sie dran „Der Ton macht die Musik" und eine „Prise Humor" kann auch nicht schaden.

## WIE ERLEBE ICH DIE SITUATION?

Wie erlebe ich die Situation? Was ist passiert oder über was möchte ich berichten? Unsere Beobachtung hilft uns, die Aussage über uns selbst dem Empfänger zu vermitteln. Beschreiben Sie, was Sie gehört, gesehen, gerochen oder geschmeckt haben. Und vermeiden Sie Reizwörter wie „immer", „selten", „ständig" oder „nie". Vergleichen Sie selbst den Unterschied von „Nie rufst du mich an, wenn du ankommst." zu der Aussage „Gestern, als du nach Kiel gefahren bist, hast du mich nicht angerufen, als du angekommen bist." Versetzen Sie sich mal in die Lage des Empfängers. Merken Sie den Unterschied? Statt „Ständig rauchst du" klingt es besser, wenn Sie sagen: „Heute nach dem Mittagessen, bist du gleich zum Rauchen auf den Balkon gegangen." Statt „Nie nimmst du mich in den Arm" kommt es besser an, wenn Sie sagen: „Gestern vor dem Schlafen gehen, hast du mich nicht in den Arm genommen."

*Vermeiden Sie Reizwörter wie „Immer" „selten" „nie"*

Der Unterschied liegt hier in der beobachtbaren Situation. Einer konkreten Situation wird Ihr Partner zustimmen. Bleiben Sie konkret und holen Sie sich ein "Ja" zu einer bestimmten Situation bei Ihrem Partner ab.

Erinnern Sie sich noch einmal an das Thema „Wahrnehmung und Gefühle". Sprechen Sie von Ihrer Beobachtung und Ihren Gefühlen. So bleiben Sie konkret und übernehmen die Verantwortung. Das wirkt sogar, wenn Sie einen Angriff, den Sie gehört haben, als wörtliche Rede wiederholen: „Heute Morgen hast du laut geschrien: „Es ist mir egal, ob du das akzeptierst oder nicht." Auch hier wird der Partner ein „Ja, das habe ich gesagt", aussprechen oder zumindest in

Gedanken zustimmen. Dies ist ein erster wichtiger Schritt, um weiter Gehör zu finden. „Und ich bin nun sehr wütend", kann folgen.

**Kurz zusammengefasst:**
Beschreiben Sie möglichst konkret die Situation, indem Sie die Beobachtung klar benennen. Holen Sie sich damit die Zustimmung ab. Ergänzen Sie Ihr Gefühl!

## VERSTECKTE BOTSCHAFTEN – UM WAS GEHT ES MIR? 7.3

Um was geht es mir? Was ist mir wichtig? Und wie will ich das mitteilen?

Nun geht es darum mitzuteilen, was ich zu sagen habe. Und welche Bedürfnisse und welche Gefühle ich habe.

Es braucht die Fähigkeit zu wissen, wie es um mich steht, also was ich fühle und was ich brauche. Es ist oftmals nicht leicht sich einzugestehen, dass wir Wünsche haben und diese auch noch offenzulegen.

Viele meiner Klienten wurden zum Beispiel als Kinder nicht nach Ihren Gefühlen und Bedürfnissen gefragt und unterdrücken diese noch heute. Sie verhalten sich auch als Erwachsene sehr angepasst und wollen nicht auffallen. Oftmals senden wir unsere Botschaften verdeckt, oder wir verstecken den wichtigen Teil unserer Nachricht.

Dies kann bewusst oder auch unabsichtlich geschehen. Wir erzählen zum Beispiel, dass wir gebürtige Münchner sind oder verraten dies durch den Dialekt. Oder ich kann allein mit meinem Tonfall mein Missfallen zu erkennen geben. „Jaaa, ich mach das schon!", aber eigentlich denken Sie: „will ich nicht".

Weinen kann auch eine solche verdeckte Botschaft sein. Sie kann: „Bitte tröste mich" oder auch: „Lass mich in Ruhe" bedeuten. Oder auch: „Ich bin so traurig", oder „Ich bin erleichtert" oder „Du bist zu weit gegangen."

Noch ein Beispiel: Ein Mann kommt aus dem Büro nach Hause und sagt „Den ganzen Tag von einem Meeting ins nächste. War das anstrengend." Was meint er: „Ich will meine Ruhe" oder „Mit dir kann ich darüber nicht sprechen" oder „Fang bloß nicht an über die Kinder zu schimpfen, mir reicht es für heute"?

Oftmals ist es aber gerade das Zusammenspiel der sprachlichen und nichtsprachlichen Anteile, die eine Botschaft so verwirrend und zu einer Herausforderung machen.

Sie wollen abends zu einer Geburtstagsfeier. Ihre Freundin sieht traurig aus und Sie fragen: „Ist irgendwas los?" Die Antwort kommt prompt: „Nein, alles klar". Tonfall, Mimik – die zusammengekniffenen Lippen – laden Sie jedoch förmlich zum Nachfragen ein. Es ist klar. Nichts ist in Ordnung. Hier versteckt sich die Botschaft im Tonfall. Jeder von uns hat sicher schon eine gewisse Erfahrung diese Situationen „herauszuhören" und auch dem Gefühlszustand des Partners zuzuordnen. Es geht weniger um das Erkennen solcher Situationen, sondern vielmehr darum, diese in einer geeigneten Form „aufzulösen", wie ja bereits im letzten Kapitel geklärt.

Ich habe Ihnen noch eine Erklärung versprochen, was es damit auf sich hat, wenn wir unsere eigentlichen Botschaften hinter Aussagen wie „Mach was du willst" verstecken. Warum tun wir das? Was veranlasst uns dazu, solche doppelzüngigen Botschaften zu versenden? Sie sind ja meistens die eigentlichen Hauptbotschaften. „Schatz, das Bier ist alle", oder Fragen wie: „Liebst du mich?" Wir sind teilweise wahre Meister darin, unsere Botschaften zu verschlüsseln. Folgende Erklärungsmöglichkeiten gibt es:

### Erste Möglichkeit:

Wenn Sie sich bei solchen Aussagen wiedererkennen, kann es sein, dass zwei oder mehrere unterschiedliche, oft auch gegensätzliche Gedanken Sie dazu veranlassen. Wie Goethe sagt: „Zwei Herzen schlagen ach in meiner Brust".

Auf der einen Seite möchten Sie Ihrem Partner nichts vorschreiben, da Sie denken, das darf ich als liebende Ehefrau nicht. Auf der anderen Seite wollen Sie doch Ihr Ziel erreichen: „Ich will, dass du heute Abend zuhause bleibst." So müssen Sie sich mit der Aussage „Mach was du willst" nicht festlegen und trotzdem deutlich Ihre Sicht darstellen, ohne es gesagt zu haben.

Der bekannte Spruch „Wasch mich, aber mach mich nicht nass" verdeutlicht diese widersprüchliche Haltung. Sollten Sie sich wiedererkannt haben und eine Änderung dieses Musters anstreben, sind Sie schon einen großen Schritt weiter.

Das Bewusstsein über Ihre zwei ganz gegensätzlichen Ziele hilft Ihnen dabei.

Wie wäre es mit: „Auf der einen Seite ist es mir wichtig den Abend mit dir zu verbringen und auf der anderen Seite möchte ich dir keine Vorschriften machen."

*„Zwei Herzen schlagen ach in meiner Brust"*

*Zweite Möglichkeit:*

Wir trauen uns nicht, unseren Standpunkt darzustellen und können später alles abstreiten: „Das hab ich nicht gesagt." Woran liegt das? Unsere Schwächen und Ängste zu zeigen, fällt uns oftmals schwer. Und das ist verständlich. Wir wollen doch in den Augen der anderen und vor allem auch vor uns selbst, ein gutes Bild abgeben.

Hier braucht es vor allem Mut, sich so zu zeigen, wie man ist: verletzlich, gar nicht so selbstsicher, auch mal traurig oder sogar sprachlos.

Treten Sie hinter der Mauer hervor. Zeigen Sie sich, wie Sie wirklich sind. Seien Sie weniger besorgt, über die eigene Figur. Verhalten Sie sich, wie Ihnen zumute ist.

*„Der innere Palast"*

Stellen Sie sich einen großen Palast vor, Ihr Inneres. Ihre Wünsche und Sehnsüchte, aber auch Ihre negativen Erfahrungen und Ängste. Da gibt es Zimmer, die haben Sie bereits in Kindertagen aufgrund von negativen Erfahrungen und Befürchtungen vor der Öffentlichkeit verschlossen. Dann gibt es natürlich auch welche, die verschließen wir erst später wegen kleinerer oder größerer Wunden im Erwachsenenalter. Die nächsten Zimmer werden verschlossen und manchmal sogar ein zweites, noch größeres Schloss, hinzugefügt: „Das soll mir nicht noch einmal passieren. So hilflos sollen andere mich nicht sehen". Und das nächste Zimmer wird fest versperrt. Und so weiter und so weiter.

Am Ende sitzen Sie in einem riesigen Palast, in einem kleinen verbleibenden Zimmer.

Somit bleibt die bunte Vielfalt an Eigenheiten, auch an menschlichen Schwächen und Ängsten weggeschlossen. Aber Sie entscheiden selbst, welche Zimmer Sie verschließen.

Und Sie entscheiden auch, welche Zimmer oder gar Stockwerke Sie wieder öffnen.

*Dritte Möglichkeit:*
Natürlich haben wir auch so unsere Phantasien, wie der andere wohl reagieren würde: „Das kann ich jetzt nicht sagen, dann würde sie..." Springen Sie über Ihren Schatten und überprüfen Sie Ihre Vermutungen. Ob Ihre Phantasien zutreffen, kann nur die bessere Hälfte entscheiden. Was passiert im schlimmsten Falle? Die Reaktion fällt wie erwartet aus. Dann ist es keine Phantasie mehr, sondern Gewissheit und bietet auch Klarheit und Entscheidungsspielraum.

Bleiben Sie nicht im Käfig Ihrer Phantasien stecken! Öffnen Sie den Käfig!

Oftmals höre ich: „Das bringt doch auch nichts, es macht alles nur noch schlimmer." Ich kann Ihnen nur garantieren, dass Unausgesprochenes die Situation weit mehr belastet. Alles, was hinter geheimen Türen bei Ihnen wächst, wird sicher zu keiner Änderung führen.

Denken Sie daran, dass versteckte Botschaften beim Empfänger Unsicherheit und Misstrauen auslösen. Ihr Partner weiß nicht, woran er ist. Kennen Sie die Geschichte vom kleinen Zirkuselefanten?

Ein kleiner Elefant wurde im Zirkus, da er manchmal durch sein Herumtollen die Tiere in helle Aufregung versetzte und auch manch Ding zu Bruch ging, an einen kleinen Pfosten mit einem ausreichend dicken Seil festgebunden. Er versuchte natürlich, sich loszureißen und so seine Freiheit wieder zu erlangen. Leider gelang es ihm nicht ...und er gab nach einiger Zeit des Zerrens und Schreiens auf. Der Elefant

*Der kleine Zirkuselefant*

wurde größer und größer. Da er jedoch gelernt hatte, dass das Seil und der Pfosten nicht nachgeben, versuchte er nun nicht mehr sich zu befreien. Es hätte, da der Elefant nun groß und kräftig war, nur einen kleinen Ruck gebraucht und er hätte seine Freiheit wieder erlangt. (Quelle: unbekannt)

Genauso geht es uns oftmals. Verhaltensweisen, die wir als Kinder erlernt haben, sind so verinnerlicht, dass wir gar nicht mehr in Frage stellen, ob es damit seine Richtigkeit hat. Als Muster und Glaubenssätze legen sie uns Fesseln an. Überprüfen Sie, ob die Fesseln, die als Kind so stark waren, Sie heute noch aufhalten könnten. Ja, es braucht Mut und Willen dazu, am Seil zu ziehen. Und manchmal brauchen wir auch einen Therapeuten oder Coach, der uns auf diesem Weg mit Rat und Tat zur Seite steht und uns begleitet.

**Kurz zusammengefasst:**

Oft versenden wir unsere Botschaften versteckt. Dazu gibt es verschiedene Erklärungsmöglichkeiten und auch Lösungsoptionen:

1. Wir haben zwei oder auch mehrere gegensätzliche Gedanken. Entwickeln Sie ein Bewusstsein dafür und sprechen Sie alle Gedanken aus. Zum Beispiel mit: „Auf der einen Seite und auf der anderen Seite."
2. Wir haben unsere Schwächen, Ängste und Minderwertigkeiten. Und wir trauen uns nicht, diese zu zeigen und unseren Standpunkt darzustellen. Auch können wir dann später alles abstreiten. Zeigen Sie sich, wie Sie wirklich sind. Nehmen Sie Ihren ganzen Mut zusammen.

3. Wir haben unsere Phantasien, wie der andere wohl reagieren würde. Springen Sie über Ihren Schatten und überprüfen Sie Ihre Vermutungen.
Ob Ihre Phantasien zu treffen, kann nur Ihr Partner entscheiden. Das bietet Ihnen Klarheit und Entscheidungsspielraum.

## WUNSCHKONZERT 7.4

Mit den Botschaften ist es eher wie bei einem Wunschkonzert. Wir können im Radio darauf warten, dass unser Lied gespielt wird oder es uns wünschen. „Warum muss ich bitten? Um die Möglichkeit zu erhöhen, dass das Lied gespielt wird. „Wenn er mich wirklich lieben würde, würde er es merken". Träumen Sie in der Partnerschaft nicht weiter davon, dass der Schatz Ihre Gedanken und Wünsche errät. Seien Sie nicht böse auf Ihn, dass er irgendetwas nicht „erahnt", sondern versuchen Sie, Ihre Bitten genau zu formulieren. Und vergessen Sie nicht, sich zu bedanken, wenn Ihre Bitte erfüllt wird. Der erfüllte Wunsch ist nicht weniger wert, wenn Sie diesen vorher ausgesprochen haben.

*Der erfüllte Wunsch ist nicht weniger wert, wenn Sie ihn vorher ausgesprochen haben*

Was wünschen Sie sich denn von Ihrem Schatz? Was brauchen Sie genau? Überlegen Sie sich, was Ihnen wichtig ist und sprechen Sie Ihre Wünsche klar und deutlich aus.

Erinnern Sie sich an die Geschichte von Julia und Mark. Mark, der aus Sicht von Julia ständig zuhause über seinen Büchern sitzt und jeden Pfennig umdreht... Mit Bitten können wir ganz gezielt unsere Bedürfnisse formulieren und

Formulieren
Sie Ihre
Bitten
konkret
und
positiv

schauen, ob sich eine positive Veränderung entwickelt. Wir geben so dem Partner die Möglichkeit, konkret zu reagieren. Auch ein Nein ist hier natürlich möglich. Dabei ist es wichtig, die Bitte so zu formulieren, dass sie beschreibt, was der andere tun und nicht was er lassen soll:

Bitte an den „Bücherwurm" kann sein: „Ich bitte dich, einmal im Monat mit mir ins Kino zu gehen."

Bitte an den „Langweiler" kann sich so anhören: „Ich bitte dich, etwas zu planen, was wir dieses Wochenende unternehmen können."

Bitte an den „Pfennigfuchser" kann sein: „Ich bitte dich, im Sommer für eine Woche mit mir in ein 4 Sterne Hotel am Meer zu fahren."

### Kurz zusammengefasst:

Die Partnerschaft ist ein Wunschkonzert. Machen Sie sich Gedanken, was Sie brauchen. Formulieren Sie Ihre Bitten konkret und positiv. Sagen Sie also, was Sie sich von Ihrem Partner wünschen und nicht, was er lassen soll.

## 7.5 METHODENBOX

Hier nun noch einmal die Methoden – übersichtlich angeordnet in der Methodenbox – mit praktischer Anleitung:

Nutzen Sie, was Sie für sich für geeignet halten! Die eigene Haltung ist in jedem Fall wichtiger als die Methode. Wenn Ihr Partner merkt, dass Ihnen die Beziehung am Herzen liegt, hat das eine wesentlich größere Wirkung als die perfekte

Ausführung der Methoden. Verwenden Sie Ich-Botschaften statt Du-Anklagen. Formulieren Sie einen Wunsch oder eine Bitte statt einer Schuldzuweisung.

Statt „Nie hörst du mir zu", sagen Sie „Bitte hör mir zu, ich will, dass du mich verstehst".

Statt zu sagen: „Du bist immer so unsensibel" erklären Sie lieber: „Ich bin frustriert – bitte hör' mir zu".

Statt „Immer werkelst du im Hobbykeller an deinem Motorrad! Ich bin dir wohl egal." sagen Sie lieber: „Ich möchte am Wochenende mit dir gemeinsam etwas unternehmen. Was hältst du davon, einen Ausflug in die Berge zu machen?"

Statt „Warum meldest du dich nicht?", bitten Sie Ihren Partner lieber: „Ich möchte, dass du mich kurz anrufst, wenn du gut angekommen bist."

Statt anzuklagen: „Du hast schon wieder das Auto mit leerem Tank in die Garage gefahren", sagen Sie lieber: „Es ist mir wichtig, dass am Morgen genügend Benzin im Tank ist, da ich sonst zu spät im Büro ankomme."

Erinnern Sie sich noch einmal daran, wie unsere Wirklichkeit entsteht. Trennen Sie die Wahrnehmung von Ihrer Interpretation und Bewertung. Überprüfen Sie dann Ihre Interpretation. Hier ein paar Beispiele:

„Ich sehe, dass deine Arme vor dem Körper verschränkt sind! Ich vermute, mein Vorschlag gefällt dir nicht. Das finde ich sehr schade. Stimmt das?"

„Ich habe gestern von dir gehört: „Nie kann ich in Ruhe ausspannen." Ich vermute, du hast dich geärgert, als ich dich ans Rasenmähen erinnert habe. Das finde ich merkwürdig, da wir doch ausgemacht haben, dass ich dich erinnern soll."

„Ich rieche den Duft von Schweinebraten und vermute,

dass du extra für mich gekocht hast. Dafür liebe ich dich."
„Ich sehe, dass deine Augenbrauen hochgezogen sind. Ich vermute, dass dir die Küche nicht sauber genug ist. Stimmt das?" Und nun noch eine letzte Methode:

*Wert-schätzende Kommu-nikation*

Die wertschätzende oder gewaltfreie Kommunikation nach Marshall Rosenberg haben wir der Übersichtlichkeit halber den Methoden zugeordnet. Allerdings handelt es sich dabei vor allem um eine innere Haltung. Diese Haltung braucht sicherlich einiges an Übung. Und gleichzeitig sprach schon Marshall Rosenberg davon, dass auch 20% gewaltfreie Kommunikation dem Gegenüber signalisiert, „Du bist mir wichtig". Die vier Schritte der „Gewaltfreien Kommunikation" sind folgende:

1. Wahrnehmung: Was ich sehe, höre, körperlich fühle, schmecke oder rieche (ohne zu bewerten oder zu interpretieren).
2. Gefühl: Was ich fühle (Ich Formulierung, ohne Schuldzuweisung)
3. Bedürfnis: Was ich brauche (Generelles Bedürfnis, nicht Strategie)
4. Bitte: Was kann ich oder der andere tun (konkret ohne zu fordern)

Hier ein paar Beispiele dazu:
Wenn ich sehe, dass das Auto mit leerem Tank in der Garage steht, bin ich sehr ärgerlich, da mir Zuverlässigkeit sehr wichtig ist.

Kannst du mir zusagen, dass du in Zukunft tankst, so dass das Benzin für meine Fahrt zur Arbeit reicht?

Wenn ich höre, dass du zu den Kindern flüsterst: „Das sagen wir Mama lieber nicht." Dann bin ich besorgt, weil mir Offenheit ganz wichtig ist. Kannst du mir versichern, dass du das nicht wieder tust und dies den Kindern auch erklärst.

Einen detaillierten Anleitungsbogen finden Sie zur eigenen Verwendung auf der Seite www.schatz-du-nervst.de

### „So bringen Sie Ihre Botschaft rüber", noch einmal in Kürze:

Um unsere Botschaft möglichst wirksam zu übermitteln ist es wichtig, dass sowohl die sprachliche als auch die nichtsprachliche Seite stimmig formuliert ist. Mimik, Gestik und Ton sollen zum Inhalt der Botschaft passen.

Schaffen Sie ein positives Klima. Dabei ist es vor allem wichtig, sich dem Partner zuzuwenden und Blickkontakt herzustellen und so zu zeigen, du bedeutest mir etwas. Beschreiben Sie dann Ihre Sicht der Dinge. Und berichten Sie, wie es Ihnen geht und was Sie brauchen. Sprechen Sie Ihre Wünsche möglichst konkret aus.

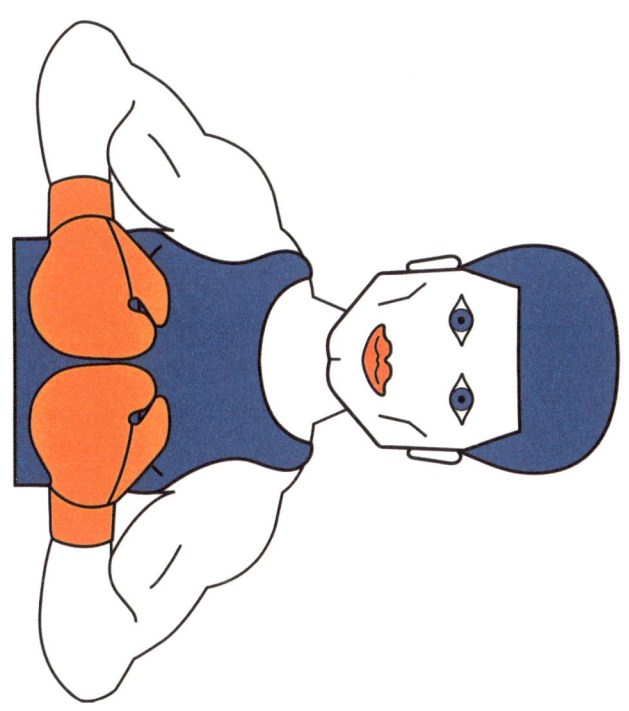

# SO GELINGT DAS GESPRÄCH

Ich höre was du sagst

**8.0**

Nun wäre es ein schrecklicher Irrglaube zu denken: Aha, nun ist alles klar und wir werden somit keine Missverständnisse, Diskussionen und Streitereien mehr haben. Die sind aus unserem Leben verbannt, für alle Zeit.

Auch wenn ich meine Aussagen nun in ausgefeiltem Kommunikationsstil und mit wertschätzender Haltung verpackt habe, so heißt das noch lange nicht, dass mein Schatz mich richtig verstanden hat und nun alle meine Wünsche erfüllt. Das wäre auch wirklich zu schön, meinen Sie nicht? Oder wäre es womöglich sogar langweilig? Paare ohne Reibungspunkte haben selten noch Spaß im Bett, berichtet Frau Rothkopf, eine Paartherapeutin aus ihrer Praxis mit Paaren.

Wollen Sie das? Wie kann es uns also gelingen miteinander zu sprechen, so dass wir uns verstehen.

## SO GELINGT DAS GESPRÄCH:
**8.1**    ## WER FRAGT GEWINNT

Erinnern Sie sich an das Bild des Geschenkes. Einer schenkt und einer wird beschenkt und dann wieder andersrum. Es liegt an uns, ob wir ein „Wer ist schuld-Pingpong" spielen oder uns gegenseitig Geschenke überreichen. Fragen helfen uns dabei. Wer fragt gewinnt. Und das nicht nur als Empfänger sondern auch als Sender.

Folgende Formulierungen können Missverständnissen vorbeugen: „Hab ich dich richtig verstanden, dass ...?", „Stimmt das?", „Sehe ich das richtig?" Gehen Sie erst einmal davon aus, dass Sie etwas falsch verstanden haben, wenn Sie sich angegriffen fühlen. Fragen Sie nach.

Ein Beispiel: Sie sagt: „Mir ist alles zu viel. Ich kann nicht mehr". Fragen Sie nach, ob Sie es richtig verstanden haben, dass sie überlastet ist und gerne Unterstützung von Ihnen möchte? Oder will sie sich nur den Kummer von der Seele sprechen? Dann wissen Sie, woran Sie sind und müssen nicht interpretieren. Und hier noch ein Tipp: Warum und Wieso – Fragen sind dabei eher hinderlich, da sie ihr Gegenüber damit meistens zu einer Rechtfertigung veranlassen.

*„Warum" und „Wieso" Fragen sind eher hinderlich*

„Warum hast Du …?" Hilfreich sind alle Fragen, die zum Verständnis beitragen.

### Kurz zusammengefasst:

Fragen helfen uns unsere Wahrnehmung zu überprüfen und helfen somit den anderen zu verstehen: „Nicht so eine bist du also, sondern wenn ich dich richtig verstehe, dann …?"

Und bedenken Sie, dass die Fragen „Warum" und „Wieso" den Partner meistens zu einer Rechtfertigung veranlassen und daher eher hinderlich sind.

## SO GELINGT DAS GESPRÄCH: ICH HÖRE WAS DU SAGST!　8.2

Ich höre was du sagst, ist der wohl wichtigste Teil, damit Kommunikation effektiv und erfolgreich ist.

Haben Sie folgendes schon einmal beobachtet? Ein kleines Kind weint heftig, weil es sich verletzt hat. Die Oma kommt und sagt: „Das wird schon wieder. Bis du verheiratest bist, ist alles vorbei." Oder die gleiche Situation und die Oma kommt und sagt: „Wo tut es denn weh? Ist es sehr schlimm?" Ein letzter Schluchzer und das Kind sagt: „Es geht schon wieder", läuft zu den Spielkameraden und spielt weiter.

Das ist ein kleines Beispiel dafür, dass es vor allem darum geht, wahrgenommen zu werden, wie wir sind. Mit unserem Schmerz, mit unseren ganz individuellen Bedürfnissen und auch mit unseren Schwächen. Schauen wir uns mal ein ganz alltägliches Beispiel an:

„Ich fühle mich ziemlich überlastet", sagt sie. „Warum, wo ist das Problem?", fragt er. „Ich habe zu viel zu tun", antwortet sie, und in ihrer Stimme liegt Anspannung. „Ach, das ist doch nicht so schlimm." Er versucht sie zu beruhigen. Und er will liebevoll den Arm um sie legen. „Entspanne dich einfach. Schauen wir uns etwas im Fernseher an." „Ich kann nicht fernsehen", gibt sie zurück. „Ich muss Abendessen machen, Rechnungen überweisen und meinen Arzttermin absagen, weil mein Chef kurzfristig noch eine Besprechung angesetzt hat. Ich habe einen Berg Wäsche zu bügeln und muss noch die Weihnachtskarten wegschicken. Auf dem Schreibtisch in meinem Zimmer finde ich überhaupt nichts mehr, es ist ein einziges Chaos. Und ich hätte fast vergessen, dass ich versprochen habe, die Einladung für die Elternbeiratssitzung im Kindergarten zu schreiben", jammert sie. „Ich habe einfach keine Zeit zum Fernsehen." „Dann lass doch das Abendessen sein", sagt er, um ihre Aufgabenliste kürzer zu machen. „Ich kann uns eine Pizza holen." „Du verstehst es einfach nicht", sagt sie. „Ich habe so viel zu tun." „Ach was, das ist doch nicht so schlimm", sagt er, ohne auf ihre Gefühle einzugehen. „Du musst überhaupt nichts tun!" „Doch muss ich", gibt sie frustriert zurück. „Du verstehst mich einfach nicht!", weint Sie und wirft unter Tränen die Türe hinter sich zu.

Zum Schluss endet sie als Gefühlskrüppel und Heulsuse. Und auch er hat das schreckliche Gefühl, dass sie ihn nicht verstanden hat, obwohl er ihr doch nur helfen und beistehen wollte. Es ist kaum auszuhalten, dass der Partner uns nicht versteht. Wir sind verzweifelt und hilflos. Wir wollten doch nur das Beste. Sie unterstützen, ihr mit Rat und Tat zur Seite stehen und sie trösten. Sie jedoch ist undankbar und erkennt nicht, was wir alles für sie tun.

Folgendes haben die meisten von uns als Reaktion gut verinnerlicht:

Gerade den Menschen, die uns nahe stehen und die uns wichtig sind, wollen wir helfen. Helfen, dass es ihr, wie in diesem Falle, besser geht und sie sich wieder besser fühlt. Doch genau das Gegenteil ist der Fall. Es führt zum Streit und am Ende geht es beiden schlecht.

Folgende Reaktionen führen dazu und sind nicht hilfreich. Wir geben unaufgefordert Ratschläge: „Du musst doch keine Weihnachtskarten schreiben." Dabei übersehen wir, dass Rat-Schläge auch „Schläge" sein können. Oder es geht schon von Ratschlägen über in eine Form von Vorwürfen: „Warum hast du dich auch für den Elternbeirat aufstellen lassen?", oder „Ich finde, du solltest nicht immer so perfekt sein wollen." Auch setzen wir gerne noch eins drauf: „Das ist ja noch gar nichts, hör mal was bei mir im Büro heute alles los war." Wir belehren den anderen auch gerne: „Nimm das doch zum Anlass, deine Situation und die damit verbundene berufliche Belastung zu überdenken. Und in einem Jahr sagst du dann,

*„Rat -Schläge" können auch Schläge sein*

wie gut, dass ich so am Ende war, sonst hätte ich mich nie auf eine neue interne Stelle beworben." Natürlich trösten wir: „Du kannst ja nichts dafür, dass nun alles auf einmal zu tun ist. Das war wirklich nicht dein Fehler." Schließlich versuchen wir zu beruhigen: „Erinnere dich an letztes Jahr, da warst du auch total überlastet." „Ach du Arme", bemitleiden wir den anderen. Oder wir bewerten den Chef: „Das ist aber sehr rücksichtslos von ihm." Oft fahren wir unserem Partner auch über den Mund: „Lass dich nicht so hängen."

Was kann hier Abhilfe schaffen? Das Zauberwort heißt

*Aktives Zuhören*

„Aktives Zuhören", nach dem Begründer der Gesprächstherapie Carl Rogers. Und dabei geht es um weit mehr, als nur ums Zuhören. Dazu lässt sich das aktive Zuhören in drei Stufen unterteilen:

*Die erste Stufe ist im Grunde etwas – so denken wir – selbstverständliches: das Zuhören.*
Wir nehmen uns bewusst die Zeit für einen Menschen, der uns wichtig ist, sind aufmerksam und signalisieren ihm mit Gesten wie Nicken oder durch Laute wie „mhm" oder „ja", dass wir da sind und uns für seine oder ihre Belange interessieren. Durch unser Nicken zeigen wir, dass wir aufmerksam sind. Wir nehmen uns die Zeit, bewusst zuzuhören.

Schon alleine der Blickkontakt und die „Zuwendung" zeigen, dass wir ganz Auge und Ohr sind. Wir demonstrieren, dass wir Interesse am Gegenüber haben. Sie denken jetzt, das ist doch klar, ist ja schließlich mein Partner. Aber dies ist nicht zu unterschätzen. Im Gegenteil: Diese Aufmerksamkeit ist weit mehr wert als Sie ahnen! Sehr hilfreich sind dabei zum Beispiel folgende einleitende Formulierungen:

„Erzähl mal.", „Möchtest du darüber sprechen?", „Was liegt dir auf dem Herzen?", „Tatsächlich?", „Was du nicht sagst."

Tipp: Deshalb ist es auch wichtig, dass Sie – wenn es für Sie gerade nicht passend ist oder Sie keine Zeit oder Muße haben – das ganz offen sagen und eine Alternative nennen. Das könnte sich so anhören: „Schatz, im Moment bin ich kein guter Zuhörer, da mir die Geschichten aus dem Büro noch im Kopf rum spuken. Aber nach dem Abendessen möchte ich mich gerne mit einem Glas Wein mit dir ins Wohnzimmer setzen und dir zuhören. Ja?"

*In Stufe zwei geht es darum „Richtig zu verstehen".*
Ich überprüfe also erst einmal, ob ich das Gehörte richtig verstanden habe. Dazu frage ich nach, wenn ich mir nicht sicher bin. Dann wiederhole ich das Gehörte mit eigenen Worten und fasse es anschließend zusammen. Das dient auch dazu, dass mein Partner seinen Gedanken noch einmal reflektiert. Es unterstützt ihn dabei, auf den Punkt zu kommen. Beachten Sie dazu folgende Hinweise:

Hinweis 1: Es ist hier nicht das papageienhafte Nachplappern von Inhalten gemeint. Die innere Haltung sollte sein: „Ich verstehe wirklich was du erlebst."

Hinweis 2: Es geht hier nicht um Fragen, die den Sprecher vom eigentlichen Thema abbringen und die Erzählung in eine andere Richtung lenken, wie zum Beispiel: „Welche Arbeit könntest du abgeben?"

Hinweis 3: Es geht auch nicht darum, mit Fragen wie „Warum hast du deinem Chef nicht gesagt, dass du ...?", oder „Wieso hast Du Dir das denn bieten lassen?" den Erzähl-Fluss zu unterbrechen. Erinnern Sie sich kurz an das, was wir zuvor schon einmal festgehalten haben: Die Fragen „Warum" und „Wieso" verleiten zu einer Rechtfertigung. Aus diesem Grund sind sie wenig hilfreich.

Hinweis 4: Nehmen Sie Ihre eigenen Gedanken, Gefühle und auch Interpretationen ernst und auch wahr und behalten Sie diese für sich. Erst einmal!

Das könnte sich in unserem Beispiel in etwa so anhören: „Du bist ziemlich überlastet. Es gibt viele Aufgaben, die du zu erledigen hast. Abendessen kochen, Rechnungen überweisen, einen Arzttermin absagen, Wäsche bügeln und Weihnachtskarten schreiben. Außerdem hättest du fast vergessen, dass du noch die Aufgabe angenommen hast, die Einladung für die Elternbeiratssitzung zu schreiben. Und auf deinem Schreibtisch herrscht das totale Chaos. Habe ich etwas vergessen?" Dabei können unterschiedlichste eigene Gedanken auftauchen.

Zum Beispiel:
Was kann ich ihr denn abnehmen? Sie muss aber auch überall ihre Hilfe anbieten. Bei dem Chaos auf dem Schreibtisch würde ich auch alles vergessen. Damit sollte sie erst mal beginnen. Sie übertreibt wieder mal! Wie gesagt: Nehmen Sie alle diese Gedanken liebevoll zur Kenntnis und behalten Sie dies für sich! Erst einmal!

*Und nun die dritte, die Königsstufe des Aktiven Zuhörens:*
*Empathie – die Einfühlung in den anderen.*
Dabei geht es darum, die Gefühle und Bedürfnisse des andern zu verstehen und auch zu benennen.

*Die Gefühle des anderen verstehen und benennen*

Sich in den anderen hineinzuversetzen und auch die Wünsche herauszuhören. Empathie ist vor allem in schwierigen Gesprächen oder wenn es Spannungen gibt, sehr hilfreich, um das Gespräch wieder konstruktiv zu gestalten. Erinnern Sie sich an die unbewusst versteckten Botschaften? Mit aktivem Zuhören kommen Sie auch diesen auf die Schliche.

## Tipp1:

Geben Sie Ihr bestes und halten Sie Ihre eigenen ärgerlichen Gefühle zurück. Ein Nein des Partners ist äußerst hilfreich. Das meint er/sie also nicht. Wir merken, dass wir auf der falschen Fährte sind. Bei einem Nein des Partners hören Sie weiter aktiv zu, bis ein Ja kommt. Dies zeigt Ihnen, dass Sie nun wirklich verstanden haben.

Im folgenden Beispiel wird nun auch sehr deutlich, dass wir mit dem aktivem Zuhören dem Partner sogar helfen auf den Punkt zu kommen. Er findet heraus, was ihm wirklich wichtig ist:

„Immer hab ich so viel zu tun. Ich komm zu nichts mehr." „Du bist überlastet und schaffst es nicht mehr alles zu erledigen?" „Nein. Ich rackere mich hier ab und du kommst heim und liest Zeitung!" „Es ärgert dich, dass ich mich entspanne, während du arbeitest?" „Nein. Ich möchte einfach, dass du siehst, was ich alles für uns tue." „Es ist dir wichtig, dass ich merke, was du alles den ganzen Tag für uns tust?" „Ja und ich wünsche mir, dass du das auch einmal sagst." Hier sei zu Ihrer Beruhigung angemerkt, dass dies keine einfache Übung ist und ein hohes Maß an Konzentration und Selbstbeherrschung braucht. Also wundern Sie sich hier bitte nicht, wenn das nicht auf Anhieb gelingt. Da sind Sie in „bester Gesellschaft". Auch für Profis ist dies bei eigenen Themen noch eine Herausforderung.

Tipp 2:
Manchmal braucht es gar keine Lösung! Es reicht dem anderen oft schon, dass Sie zugehört und seine Bedürfnisse und Gefühle wahrgenommen haben.

Wie könnte sich das in unserem Beispiel auswirken? Haben Sie eine Vermutung?

„Du bist ziemlich überlastet. Es gibt viele Aufgaben, die du zu erledigen hast. Abendessen kochen, Rechnungen überweisen, einen Arzttermin absagen, Wäsche bügeln und Weihnachtskarten schreiben. Außerdem hättest du fast vergessen, dass du noch die Aufgabe angenommen hast, die Einladung für die Elternbeiratssitzung zu schreiben. Und auf deinem Schreibtisch herrscht das totale Chaos." „Du ärgerst dich, dass du die Aufgabe im Elternbeirat angenommen hast?" „Nein, ich ärgere mich, dass ich so eine Unordnung auf meinem Schreibtisch habe, so dass ich es fast vergessen hätte." „Du brauchst Ordnung und Struktur um deine Aufgaben termingerecht zu erledigen? Das würde dir auch helfen, dass du ohne Termindruck deine Aufgaben erledigen kannst. Das wäre beruhigend?" „Ja, genau. Dann hätte ich auch wieder mehr Zeit, mit dir einen erholsamen und ruhigen Abend zu verbringen. Das würde meine gute Laune steigern und die Geschichte mit meinem Chef würde mich nicht mehr so belasten. Ich werde am Wochenende sofort meinen Schreibtisch aufräumen. Wollen wir am Abend einen Babysitter nehmen und ins Kino gehen?"

Vorsicht Stolperstein: Wenn wir einem für uns wichtigen Menschen zuhören und er uns seine Probleme schildert, dann wird bei den meisten sofort der „Retter-Instinkt" geweckt. Wir möchten dem Erzähler helfen und daher kreisen unsere Gedanken dann oftmals schon um Lösungsmöglichkeiten und Hilfsangebote. Diese gilt es aber erst einmal nur willkommen zu heißen und für später zu speichern, ohne sie auszusprechen. Eventuell können wir sie zu einem späteren Zeitpunkt als Möglichkeit anbieten. Oft liegen wir nämlich mit unseren Lösungen für den anderen daneben. Denn was für einen selbst in einer geschilderten Situation absolut passend wäre, kann für den anderen völlig unmöglich sein. Es sind eben alle Menschen unterschiedlich. Und die Lösung muss für den passend sein, der das Problem hat! Ein weiterer Vorteil, die Lösung nicht auszusprechen ist, dass ihr Partner merkt, dass Sie ihm zutrauen, dass er selbst eine Lösung finden wird, er für Sie also kompetent ist.

*„Retter - Instinkt"*

### Kurz zusammengefasst:

Aktives Zuhören bedeutet also, dass wir uns Zeit nehmen und auch hören wollen. Dabei halten wir unsere eigenen Gefühle zurück und hören nur zu.
Wir überprüfen unser Verständnis mit Fragen und wir fassen mit eigenen Worten zusammen. Wir versuchen, auf die Gefühle des anderen einzugehen und die Bedürfnisse zu hören. Unsere eigenen Gedanken und Lösungsideen nehmen wir wahr, aber halten sie vorerst zurück.

## SO GELINGT DAS GESPRÄCH:
## VERSTEHEN VOR VERSTANDEN WERDEN

Verstehen kommt immer vor verstanden werden. Das heißt: Die Aufmerksamkeit liegt jetzt im Verstehen des Partners. Mein Bedürfnis selbst verstanden zu werden, tritt erst einmal in den Hintergrund. Verstehen bedeutet jedoch nicht, mit allem einverstanden zu sein. Auch wenn wir eine andere Meinung haben und die Gefühle des anderen uns ganz fremd sind. So können wir einander doch verstehen.

Wahrscheinlich liegt Ihnen schon die ganze Zeit die Frage auf den Lippen: „Und wann komme ich? Wann kann ich endlich sagen, was mir auf dem Herzen liegt?" Sie haben sich Zeit genommen und haben den Partner mit all seinen unerfüllten Wünschen und Bedürfnissen verstanden. Sie haben Ihren eigenen Kämpfer im Zaum gehalten, so gut es ging. Nun fordert er aber unerbittlich sein Recht: „Jetzt bin ich dran und will, dass ich meine Sicht der Dinge schildern kann und dass auch ich jetzt einmal meine Themen mitteilen kann!"

Sobald unser Partner sich verstanden fühlt, ist er seinerseits auch bereit, uns zuzuhören und uns zu verstehen. Wichtig dabei ist, dass unser Partner wirklich hört, was wir verstanden haben. Ein „Ich habe dich verstanden", reicht nicht aus. Das Verstandene muss in Worte gefasst werden.

In unserem Beispiel könnte er verstehen, dass sie sich in solchen Momenten überfordert fühlt und unfähig ist, sich zu entspannen. Obwohl er selbst mit solchen Belastungen kein Problem hat. „Ja, genau. Dann hätte ich auch wieder mehr Zeit mit dir einen erholsamen und ruhigen Abend zu verbringen. Das würde meine gute Laune steigern und die Geschichte mit meinem Chef würde mich nicht mehr so belasten. Ich werde am Wochenende sofort meinen Schreibtisch aufräumen. Wollen wir am Abend einen Babysitter nehmen und ins Kino gehen?"

Sie erinnern sich, das war das Ende nach der Königsstufe des Aktiven Zuhörens. Der Partner ist nun bereit zuzuhören und zeigt dies meist deutlich an nonverbalen Gesten wie Nicken und einer kurzen Sprechpause.

Nun ist endlich er an der Reihe: „ Ich wünsche mir, dass du mir früher sagst, dass dir alles zu viel wird. Gerne unterstütze ich dich dann mit Rat und Tat. Und vielleicht kannst du nach einer kurzen Entspannungspause mit mir zusammen die nächsten Aktivitäten planen. Die Idee mit dem Kino find ich übrigens Klasse!" Sie fühlt sich nun verstanden und ist gerne bereit ihm zuzuhören. Und das, obwohl sie das „aktiven Zuhören" gar nicht kennt. Fühlen wir uns verstanden, brauchen wir keine unzähligen Wiederholungsschleifen drehen, um sicherzustellen, dass wir gehört werden. Und das ist für beide Seiten sehr entlastend. Sie können nun beide begreifen, wie unterschiedlich Sie mit Belastungssituationen umgehen und nachvollziehen, wie irritierend sie daher für einander sind.

*„Verstehen bedeutet nicht, einverstanden zu sein"*

Kommunikation sollte im besten Falle gleichsam wie in einer Schleife ablaufen. Das Gespräch sollte hin und her schwingen zwischen dem DU und dem ICH.

## Kurz zusammengefasst:
„Verstehen bedeutet nicht, einverstanden zu sein." Das ist vielleicht der wichtigste Satz, damit Kommunikation gelingt.

Wer ihn umsetzt – und das ist nicht ganz leicht – hat als Paar in der Beziehung die Nase schon ganz vorn. Wenn ich verstanden habe und das auch in Worten ausgedrückt habe, bin ich an der Reihe meine Sicht zu schildern.

## 8.4  HILFREICHE TIPPS FÜR EIN KONSTRUKTIVES GESPRÄCH

1. Die meisten Gespräche enden so, wie sie angefangen haben. Sorgen Sie also für einen guten Anfang. Sollte der Anfang misslungen sein, lassen Sie sich nicht entmutigen, Shit Happens. Benennen Sie es einfach. „Lass uns noch mal beginnen, mir ist es wichtig dich zu verstehen."

2. Wenn Sie merken, dass Sie sich überfordern, Ihre Wut kaum mehr im Zaum halten können, oder einfach sprachlos sind, sagen sie es: „Ich bin nun wirklich sprachlos und kann momentan gar nichts dazu sagen und auch das Zuhören fällt mir schwer. Lass uns in einer Stunde einen zweiten Anlauf versuchen."

3. Wenn Sie merken, dass Sie etwas getan haben, wofür Sie sich entschuldigen wollen, tun Sie es einfach. Es ist deswegen noch niemandem ein Zacken aus der Krone gebrochen. Gleichzeitig ist es ein großer Schritt in eine glückliche Zukunft miteinander. Und ein Missgeschick oder einen Fehler einzugestehen ist eine große Stärke. Vermeiden Sie jedoch ein „Entschuldigung, aber..." Wir haben unsere Gründe, warum wir zu spät kommen, warum wir gerade in diesem Moment nicht zuhören können, oder warum wir einfach etwas vergessen haben. Allerdings schmälert eine Entschuldigung

*Vermeiden Sie: „Ja ..., aber..."*

mit angehängter Begründung die Bereitschaft, die Entschuldigung anzunehmen. Ein ernst gemeintes „Es tut mir wirklich leid" oder sogar noch den Zusatz: „Ich werde zukünftig früher losfahren und eine kleine Verzögerung im Straßenverkehr einplanen", zeugt von großer Wertschätzung für den anderen.

4. Ein kräftiges „Ja" statt einem „Ja, ja". Versuchen Sie es doch einmal. Sagen Sie „JA" und dann sagen Sie „Ja, ja." Deutlich geworden? Ersteres meint Ja mit Sicherheit. Zweites bedeutet „Red du nur".

## „So gelingt das Gespräch", noch einmal in Kürze:

Fragen helfen unsere Wahrnehmung zu überprüfen und helfen somit auch, den anderen zu verstehen. Aktives Zuhören bedeutet:

1. Dass wir uns Zeit nehmen und auch hören wollen.
   Dabei halten wir unsere eigenen Gefühle zurück
   und hören nur zu.
2. Dass wir unser Verständnis mit Fragen überprüfen
   und mit eigenen Worten zusammenfassen.
3. Dass wir die Gefühle und die Bedürfnisse
   erspüren und versuchen, uns in den anderen hinein
   zu versetzen. Unsere eigenen Gedanken nehmen
   wir wahr, aber halten sie vorerst zurück. Verstehen
   bedeutet nicht einverstanden zu sein
4. Wenn ich verstanden habe und das Verstandene auch
   formuliert habe, bin ich dran meine Sicht zu schildern.

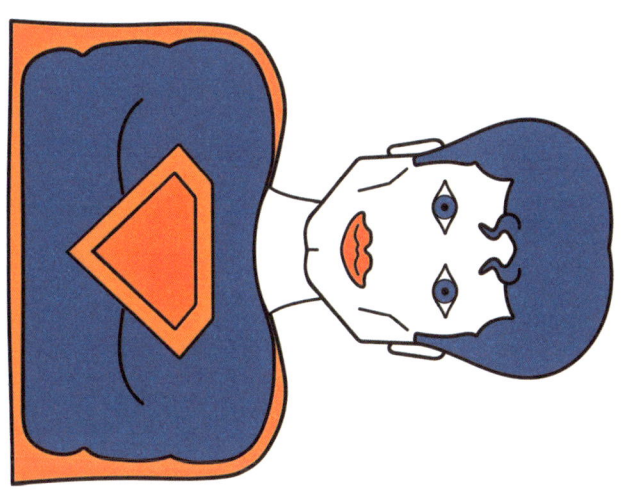

# KONSTRUKTIV
# STATT DESTRUKTIV –

Vermeiden Sie die typischen Sackgassen

**9.0**

*„Gott gebe mir die Gelassenheit Dinge hinzunehmen,*
*die ich nicht ändern kann,*
*den Mut, Dinge zu ändern, die ich ändern kann,*
*und die Weisheit das eine vom anderen zu unterschieden.“*
(Friedrich Christoph Oetinger)

Hier folgen drei Strategien, um die typischen Sackgassen zu vermeiden:

## 9.1 REIZ UND REAKTION

Auf einen Reiz folgt meistens unmittelbar eine Reaktion. Wir haben jedoch die Wahl, manchmal vielleicht auch die sprichwörtliche Qual der Wahl. Das ist es auch, was uns von den Tieren unterscheidet. Wir können heute so und morgen anders entscheiden. Auf einen Reiz: „Du nervst!“, muss nicht unbedingt eine Reaktion erfolgen. Wir können reagieren. Wir können auch ganz bewusst eine Pause machen und dann agieren. Das Wort Re-aktion bedeutet im übertragenen Sinn nach Stephen R. Covey, dass wir aufgrund einer vorher erfolgten Wahrnehmung oder Tatsache etwas tun. In Wirklichkeit liegt es in unserer eigenen Entscheidungsfreiheit, ob wir etwas tun. Wir sind keine Opfer, sondern können aktiv entscheiden und dann agieren, also tun.

Zwischen Reiz und Reaktion liegt Ihr Entscheidungsspielraum. Überlegen Sie daher, ob Ihre Reaktion Ihnen den gewünschten Erfolg bringt: „Du nervst mich auch!“ Ist es Ihnen wichtig Dampf abzulassen? Oder hilft erst einmal tief einzuatmen und dann zu entscheiden, was Sie tun wollen. Vielleicht braucht es bei einem größeren Reiz auch eine längere Pause, zum Beispiel einen kleinen Spaziergang an der frischen Luft, Musik hören oder eine kleine Entspannungsübung einzuschieben. Vielleicht hilft es, eine Nacht darüber zu schlafen. Im Kapitel 12 finden Sie dazu die Anleitung für eine Sekunden-Entspannungsübung.

Dass wir nicht sofort reagieren, bedeutet nicht, dass wir im Unrecht sind, oder wir uns mit unseren Gefühlen nicht ernst nehmen. Es bedeutet, dass wir selbstbewusst entscheiden, was wir tun werden. So bleiben wir aktiv und selbstbestimmt. Ein kleines Gedankenspiel:

Stellen Sie sich vor, ich habe einen ganzen Rucksack voller Bälle und werfe einen nach dem anderen auf Sie. Die sind natürlich nicht gefährlich, also nicht hart, sondern weich. Und ich bewerfe Sie. Ich vermute, Sie werden einigen Bällen ausweichen, andere fangen und einige werden an Ihnen abprallen. Genauso ist es mit dem Reiz und der Aktion. Einiges können sie zurückgeben. Und das kann an jedem Tag unterschiedlich sein. Anderes wird einfach abprallen und Sie nicht stören und ein paar werden von Ihnen gefangen, das bedeutet, Sie handeln. Sie alleine entscheiden!

*Kleines Gedankenspiel*

Wenn wir uns in einem Gespräch angegriffen fühlen, ist die „spontane" Reaktion sehr oft die Gegenwehr, der „Gegenangriff". Und die Betonung liegt hier bei angegriffen fühlen. Das heißt, es muss gar kein wirklicher Angriff sein. Darauf folgt dann wiederum die spontane Reaktion des Partners! Sie können sich sicher vorstellen, wie schnell sich eine solche Situation hochschaukeln kann. Diese Kette von Reaktionen mündet in einem Teufelskreis.

Hier braucht es eine Menge an gemeinsamer, kostbarer Energie, um diese Situation wieder zu „entschärfen"! Das alles müsste nicht sein, wenn vor diesem spontanen „Ausbruch" ein kurzer „Break" erfolgt, eine Pause. Und genau das ist die Kunst! Erst dann entsteht die Möglichkeit, die eigene Wahrnehmung zu hinterfragen: wie war die Aussage tatsächlich gemeint und meine Gefühle wahrzunehmen und zu benennen, oder die Situation zu hinterfragen. Auf diese Weise entsteht die Möglichkeit, dass die Situation sich entspannt, bevor es „kracht"!

**Kurz zusammengefasst:**
Zwischen Reiz und Reaktion liegt Ihr Entscheidungsspielraum. Erinnern Sie sich an die Bälle, die ich auf Sie geworfen habe? Sie entscheiden, ob und wie Sie reagieren. Hilfreich sind kurze Pausen oder sogar die sprichwörtliche Nacht zum darüber schlafen.

9.2      **VOM TEUFELSKREIS ZUM ENGELSKREIS**

Denken Sie auch es gehören immer zwei dazu, wenn eine Beziehung scheitert? Ja, oftmals sehen wir, wenn wir von außen auf andere Paare schauen, was beide dazu beigetragen haben, dass die Beziehung gescheitert ist.

Handelt es sich nun aber um die eigene Beziehung, so sehen wir die Ursache oftmals beim anderen und erleben uns als Reagierende. Genauso, wie Sie es im letzten Kapitel „Reiz und Reaktion" gesehen haben. Uns selbst sehen wir dagegen als reine Unschuldsengel. Wir neigen dazu, die Schuld beim anderen zu suchen. „Ich musste, ... weil du ....“

Wir sehen ganz deutlich den Anteil der anderen Person und übersehen dabei unseren eigenen Part. Schulz von Thun erläutert das an folgendem Beispiel. Der Mann sagt: „Weil meine Frau immer nörgelt, ziehe ich mich zurück.“ Die Frau sagt: „Weil mein Mann so wenig Zeit mit mir und der Familie verbringt, nörgle ich!“ Wir denken, der Partner ist für mein Verhalten verantwortlich. Ein Teufelskreis entsteht, bei dem sich beide Seiten als reagierende erleben.

Wer angefangen hat, lässt sich nicht herausfinden. Ob die Henne oder das Ei zuerst da war, spielt hier keine Rolle. Es geht nicht darum, wer schuld ist. Was allerdings klar ist, wenn hier keine Änderung stattfindet, steht die Beziehung vor einer Zerreißprobe. Denn Teufelskreise drehen sich immer schneller. Durchbrechen Sie diesen destruktiven Kreislauf. Suchen Sie nicht den Schuldigen oder die Schuldige, sondern legen Sie Ihr Augenmerk auf die Wechselwirkungen. Einen AHA-Effekt kann das Aufzeichnen des Teufelskreises bringen. Hier sieht man deutlich, welche Bedürfnisse nicht erfüllt sind und was wir tun. Daher zeigt es auch ganz deutlich, was wir selbst ändern können, um aus dem Teufelskreis aus- und in den Engelskreis einzusteigen.

### Kurz zusammengefasst:

Ein Teufelskreis zeigt auf, welche Wechselwirkungen zwischen Paaren entstehen. Es geht hier nicht darum, den Schuldigen zu finden oder festzustellen, wer hat angefangen. Es geht darum, den Kreislauf aufzuzeigen und so die eigene Möglichkeit für den Ausstieg zu finden.

## FITNESSTRAINING
## FÜR IHR EINFÜHLUNGSVERMÖGEN

Empathie und Einfühlungsvermögen sind heutzutage nicht nur in den Führungsetagen gefragt. Sie gehören zu den sozialen Kompetenzen und sind ein bedeutender Faktor, damit die Beziehung und das Zusammenleben gelingt.

Kann man Einfühlungsvermögen trainieren, werden Sie sich nun fragen? Ja, den Perspektivenwechsel in die Sichtweise des Partners kann man üben! Und das ist auch sehr wirksam. In schwierigen und angespannten Situationen nimmt die Fähigkeit, sich in den anderen einzufühlen, ab. Daher ist es sehr hilfreich, dies vor allem zu üben, wenn wir uns gut verstehen und die Beziehung gerade rund läuft. Sozusagen als Vorbereitung. Was bedeutet nun Einfühlung?

Es geht darum die Gefühle und Bedürfnisse des Partners wahrzunehmen und hilft uns dabei ihn besser zu verstehen. Dies setzt eine gute Beobachtungsgabe voraus. Sie erinnern sich an das Kapitel „Wahrnehmung". Es geht darum, mit allen Sinnen vor allem die Körpersprache und das ganze Spektrum der Stimme, wahrzunehmen. Diese machen 93% unserer Kommunikation aus. Die Körpersprache drückt die Emotionen am deutlichsten und unverfälschtesten aus.

Lassen Sie uns jetzt ein Experiment wagen: Vielleicht kennen Sie ja den Film „Bodyswitch" mit Alec Baldwin und Meg Ryan. Stellen Sie sich vor, Sie schlüpfen in die Rolle Ihres Partners.

Setzen Sie sich auf den Stuhl, auf dem sonst Ihr Partner oder Ihre Partnerin sitzt. Sie sind gerade nicht zuhause? Dann stellen Sie sich den Stuhl einfach vor und setzen Sie sich darauf. Genauso, wie sie oder er es machen würde. Nehmen Sie genau die Körperhaltung an. Wie geht es Ihnen dabei? Sagen Sie sich laut, wer Sie jetzt sind: Nämlich Ihr Partner. Probieren Sie es einfach, auch wenn es sich ungewohnt anfühlt:

*„Body-switch"*

Ich bin ... (Name).

Ich bin ... Jahre alt.

Meinen Hobbys sind ...

Und nun beschreiben Sie sich selbst aus der Sicht des Partners und die Beziehung zu sich. Nennen Sie hier auch die Gefühle und Bedürfnisse. Immer mit der Formulierung „Ich" (aus der Sicht des Partners/der Partnerin). Dabei werden Sie natürlich Vermutungen anstellen, und das ist in dieser Übung sogar gewünscht. Wichtig ist es, dass Sie versuchen, sich in die Rolle des anderen hinein zu fühlen.

Nicht gelungen? Macht nichts. Sie werden sehen, je öfter Sie das üben, desto besser gelingt es. Sie fragen sich, wozu das Ganze?

Gerade, wenn es mal nicht so rund läuft in der Beziehung, kann Ihnen diese Fähigkeit sich einzufühlen nützlich sein. Sie können die Bedürfnisse und Gefühle erfassen und sich gut auf ein Gespräch vorbereiten. Wie im Sport ist es hilfreich, nicht gleich mit dem Marathon zu starten, sondern es ist die Fähigkeit sich langsam zu steigern, um dann im Ernstfall die volle Leistung zu zeigen.

### Kurz zusammengefasst:

Trainieren Sie Ihre Empathie und Einfühlung: Fühlen Sie sich in den Partner ein, indem Sie sich förmlich auf seinen/ihren Stuhl setzen.

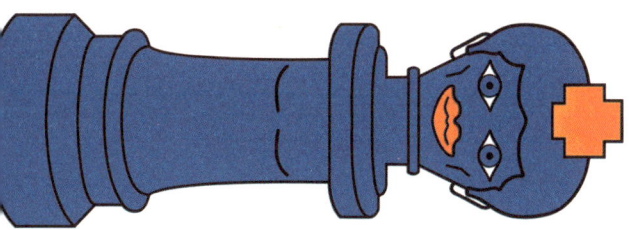

# KLÄRUNGSGESPRÄCHE

erfolgreich führen

**10.0**

Manchmal lässt es sich einfach nicht vermeiden. Es ist das Haar in der Suppe oder der sprichwörtliche Tropfen, der das Fass zum Überlaufen bringt. Aus einem morgendlichen Geplänkel wird plötzlich ein Streit. Oftmals handelt es sich dabei um alt bekannte oder auch ähnliche Themen und Geschichten. Ein Wort gibt das andere und es wird heftig gestritten. Sollen wir für unsere Interessen kämpfen oder fliehen und Gras über die Sache wachsen lassen oder es ignorieren, um des lieben Friedens willen?

Vielleicht denken wir, die Zeit wird es schon wieder richten, oder wir inszenieren in Gedanken bereits unsere Scheidung. Was ist nun die richtige Verhaltensweise, um aus einem Elefanten wieder eine Mücke zu machen?

An was denken Sie bei dem Wort Streit? Überlegen Sie, ohne lange nachzudenken. Welche fünf Begriffe fallen Ihnen ganz spontan beim Wort Konflikt ein, ohne groß zu überlegen? Welche Worte haben Sie im Kopf? Sind diese eher positiv, eher negativ oder neutral? In vielen Seminaren mit ganz unterschiedlichen Teilnehmern habe ich diese Frage gestellt. Meistens mit dem nicht überraschenden Ergebnis, dass ca. 90% der genannten Worte negativ sind. Was bedeutet das nun für uns und unseren Umgang mit Konflikten?

Wir bringen Konflikte mit unangenehmen Gefühlen wie Verletzung, Ärger, Wut, Trauer, Streit und Tränen etc. in Verbindung. Selten mit Klärung, Lösung, Weiterentwicklung und Chance. Jeder kennt zwar den Spruch „Krisen sind Chancen" und stimmt dem zu. Jedoch der Glaube an Chancen sieht bei den eigenen Krisen da oft ganz anders aus.

Die russische Psychologin Bluma Zeigarnik hat in ihrem Zeigarnik-Effekt in den 20er Jahren nachgewiesen, dass Un-erledigtes länger in Erinnerung bleibt. Auch ungelöste Konflikte bleiben somit länger im Gedächtnis.

Sind Konflikte gelöst, vergessen wir diese. Wir erinnern uns also vor allem an die ungelösten Streitereien. So bleibt uns in Erinnerung, dass Streitigkeiten schwierig und meistens nicht lösbar sind.

*Un-erledigtes bleibt länger in Erinnerung*

## STREITTYP     10.1

Wie bereits erwähnt, gibt es unterschiedliche Arten zu streiten. Wie streiten Sie? Welcher Streittyp sind Sie?

Versuchen Sie den Partner mit Argumenten zu überzeugen und sich durchsetzen? Oder versuchen Sie, einen Kompromiss auszuhandeln: „Heute ich und morgen du?" Oder denken Sie: „Darüber zu sprechen hat keinen Sinn, es wird sich eh nichts ändern!" Und ergreifen Sie laut oder leise die Flucht, indem Sie Türen knallen oder mit kühlem Blick das Zimmer verlassen?

Es kann sein, dass Sie als friedliebender Mensch keinen Streit wollen oder dass Sie, nachdem Sie Ihrer Wut freien Lauf gelassen haben und der größte Zorn verraucht ist, einfach Gras über die Sache wachsen lassen wollen.

Dass Sie mich nicht falsch verstehen, bei Kleinigkeiten kann ein Vergessen hilfreich sein: „Ich glaube, wir haben beide ein wenig überreagiert, lass uns das einfach vergessen." Jedoch, wenn der Zank sich öfter um die gleichen Themen dreht, führen beide Alternativen, Flucht und Kampf, zu einer Verschärfung des Konflikts.

Der Streitpunkt, wenn er nicht angesprochen wird, wird ein Leben im Untergrund führen und wachsen. Zu einem denkbar ungeeigneten Zeitpunkt wird er auftauchen und das sprichwörtliche Fass wird überlaufen.

*Das sprich-wörtliche Fass läuft über*

Stellen Sie sich eine Badewanne vor, die bereits voll mit Wasser ist. Und der Hahn tropft. Sie wischen ab und zu das übergelaufene Wasser vor der Badewanne weg. Aber Sie richten den Hahn nicht. Wenn Sie dann einmal zwei oder drei Tage nicht wischen, sind eventuell bereits die Möbel, die in der Nähe stehen, betroffen. Und wenn Sie dann in den Urlaub fahren, passiert das Unglück. Die ganze Wohnung ist überschwemmt und es braucht eine Total-Renovierung. Genauso verhält es sich in Konfliktsituationen.

Wenn der Hahn weiter tropft, braucht es ein Gespräch, um das Thema zu klären. Also den Hahn abzudrehen, statt nur zu wischen und mit einem Blumenstrauß oder einem netten Liebesbeweis den Frieden wieder herzustellen. Mit diesem „Nett zueinander sein" verdecken wir manchmal nur das Wesentliche.

Wie bei einer Krankheit, ist die richtige Behandlung gefragt. Bei Fieber kann ein Wadenwickel gute Dienste leisten. Kommt das Fieber jedoch wieder und steigt immer höher, ist es unbedingt erforderlich, die Ursache abzuklären und geeignete Maßnahmen zu ergreifen. Manchmal braucht es auch einen Arzt, um die Ursache zu finden.

Wir denken, dass eine nette, liebevolle Geste, ein freundliches Wort und auch ein Blumenstrauß in einer Beziehung nie fehl am Platze sind. Und gleichzeitig sollte ein Gespräch die Spannungen bereinigen und Lösungen ermöglichen. Wie führe ich nun ein solches Gespräch? Untersuchungen belegen, dass Gespräche, die rückblickend als hilfreich und positiv gesehen werden, in fünf Schritten ablaufen.

## VORBEREITUNG IST DIE HALBE MIETE      10.2

Schlachtplan oder Friedensbewegung. Vorbereitung ist bereits die halbe Miete, denn Gespräche enden meist so, wie sie begonnen haben. In der Vorbereitung liegt die große Chance, ein wirklich erfolgreiches und klärendes Gespräch zu führen. Sie ist der wichtigste Part. Ungeplante Gespräche dagegen laufen meistens schief. Dazu gehören auch Gespräche, die wir unüberlegt zwischen Tür und Angel führen.

Einer fühlt sich überfallen, wird gestört und hat keine Ruhe. Auf ein unüberlegtes Wort und einen unglücklich formulierten Satz, folgt sofort der Gegenangriff. Und schon hängt der Haussegen noch schiefer. Oftmals ist die fatale Folgerung: „Hab ich es mir doch gedacht, dass es keinen Sinn hat darüber zu sprechen!", und man/frau führt keine weiteren Gespräche mehr. Wo das hinführen kann, hört man täglich im Bekanntenkreis und das zeigt auch die Scheidungsrate.

Folgende praxiserprobte Bausteine sind die Geheimnisse einer erfolgreichen Vorbereitung: Die vier Seiten der Kommunikation. Bei der Vorbereitung eines schwierigen Gesprächs begleitet uns das Modell der vier Seiten einer Nachricht.

Sie erinnern sich: Eine Nachricht besteht aus vier Seiten. Der Sachaussage, der Beziehungsseite, der Selbstkundgabeseite und dem Appell.

Die
vier
Seiten
der
Kommu-
nikation

Da unser Partner mit allen vier Ohren hört, sollten wir nun auch mit allen vier Schnäbeln sprechen und alle vier Seiten berücksichtigen.

Stellen Sie sich folgendes Beispiel vor: Es ist Samstag und ein Paar sitzt beim Frühstück: Beide freuen sich auf das gemeinsame Wochenende. Jeder hat seine Vorstellung, wie das gemeinsame Wochenende ablaufen wird. Im Laufe des Frühstücks kommt es nun zum Streit darüber. Oftmals gibt er ihren Wünschen dann den Vorrang. Für das Paar ist dieser Wochenendbeginn keine Ausnahme. An vielen Samstagen läuft das so. Es kostet viel Energie und Zeit für beide. Daher überlegt er nun, mit ihr ein klärendes Gespräch dazu zu führen. Schauen wir uns dazu nun die folgenden Vorbereitungs-Schritte an:

### Der Appell

Um die Appellseite des Gesprächs zu klären, also zu klären, was möchte ich erreichen, hilft es, sich folgende Fragen zu stellen: Was möchte ich in diesem Gespräch erreichen?

Stellen Sie sich vor, was Sie erreichen möchten. Definieren Sie Ihr Ziel, am besten mit einem Minimal- oder Maximalziel! Welche Wünsche habe ich? Wie könnte das in unserem Beispiel aussehen? Was möchte er in diesem Gespräch erreichen? Welches Maximal- oder Minimalziel hat er sich gesetzt?

Er möchte erreichen, dass sie zukünftig das Wochenende von Anfang an zu zweit genießen können. Das bedeutet, dass ein gemeinsamer Plan fürs Wochenende in kurzer Zeit einvernehmlich und friedlich entsteht. Aber mindestens, dass Klarheit entsteht, warum es am Wochenende beim Planen zum Streit kommt. Welchen Wunsch hat er? Er möchte die Zeit am Wochenende gut nutzen und vor allem gemeinsam ein erholsames Wochenende verbringen.

*Die Sache*

Um die Sachseite des Gesprächs zu klären, also zu klären über was ich sprechen möchte, hilft es, sich folgende Fragen zu stellen: Was ist das Thema?

Sind es mehrere Themen, so überlegen Sie sich, was Ihnen wichtig und was weniger wichtig ist, also welche Reihenfolge es gibt. Welche Argumente und Beispiele haben Sie? In unserem Beispiel überlegt er folgendes:

Über was möchte ich sprechen? Erstens will ich darüber sprechen, wie wir die Planung fürs Wochenende gestalten können. Zweitens will ich das Thema gleichberechtigter Umgang mit Wünschen ansprechen.

Welche Argumente und Beispiele hat er? Letztes Wochenende hat er das Formel 1 Rennen von seiner Wunschliste gestrichen, um zu einem gemeinsamen Ergebnis zu kommen.

*Die Selbstaussage*

Um die Selbstaussageseite des Gesprächs zu klären, hilft es, sich folgende Fragen zu stellen:
Wie erlebe ich die Situation? Wie fühle ich mich dabei? Was brauche ich, damit es mir wieder besser geht?

Wie erlebt er in unserem Beispiel die Situation? Er ist frustriert, weil ihm die gemeinsame Zeit mit seiner Partnerin wichtig ist. Er ist ärgerlich, wenn er seine Interessen hinter denen seiner Partnerin anstellt, um doch noch Erholung und Entspannung am Wochenende zu finden.

Er braucht eine schnelle, friedliche Entscheidung und Gleichberechtigung.

*Die Beziehung*

Um den Beziehungsaspekt des Gesprächs zu klären, hilft es, sich folgende Fragen zu stellen: Wie gelingt es mir, ein positives Klima für unsere Unterhaltung zu schaffen? Was mag in meinem Partner vorgehen? Wie bringe ich meine Botschaften und auch Kritik rüber, ohne zu verletzen? Wie könnte ich das Gespräch zu einem guten Ende bringen?

In unserem Beispiel kann es so aussehen: Wie gelingt es ihm ein positives Klima zu schaffen? Zum Beispiel kann er das Gespräch wie folgt beginnen: „Unsere Beziehung und vor allem unsere gemeinsamen Wochenenden sind mir sehr wichtig. Ich kann mich gut erholen, wenn wir gemeinsam etwas Schönes unternehmen und dafür viel Zeit bleibt. Daher will ich mit dir besprechen, wie wir zukünftig unsere Planung fürs Wochenende schnell klären, so dass es uns beiden damit gut geht."

*Wie es gelingt, ein positives Klima für die Unterhaltung zu schaffen*

Wann und wo ist der richtige Platz? Überlegen Sie sich, wo ein günstiger Ort und wann ein günstiger Zeitpunkt für das Gespräch ist. Sie sollten genügend Zeit einplanen. Einen Stunde sollten Sie auf jeden Fall vorsehen. Sie erschrecken? „So viel Zeit?" Ja! Lieber die Zeit für ein klärendes Gespräch, als für die immer wiederkehrenden Zeit- und Energiefresser. Wenn es schneller geklärt ist, wunderbar.

Dazu ein Tipp: Schauen Sie, dass die Kinder im Bett sind oder zumindest nicht stören. Stellen Sie eine Tasse Tee oder ein Glas Wasser bereit. Schalten Sie eventuell das Telefon aus. Wie sag ich es dem Partner? Laden Sie Ihren Schatz mit

Fingerspitzengefühl zum Gespräch ein. „Schatz, du weißt ja, dass du mich nervst" ist nicht förderlich für den gelungenen Start. Wie wäre es stattdessen mit: „Gerne will ich mit dir gemeinsam eine gute Lösung für unsere Wochenendplanung finden. Wann wollen wir darüber reden?" Wichtig: Benennen Sie das Thema, ohne die Schuld dem anderen zuzuweisen. „Ich will mit dir darüber sprechen, wie wir zukünftig unsere Wochenenden gemeinsam planen können."

Tipp: Notieren Sie für sich Ihre wichtigsten Punkte. Also lieber mal nicht den Schlachtplan, sondern besser einen „Friedensgesprächsplan" entwickeln. Mit dem Beziehungsohr hören die meisten Partner und Partnerinnen ja am besten.

*Perspektivenwechsel:*
Eine weitere gute Vorbereitungsunterstützung ist es auch, sich mal in die Rolle des Partners zu versetzen. Überlegen Sie sich schon im Vorfeld, wie Ihr Partner die Situation sieht und wie es ihm geht und wie er reagieren könnte.

In Konflikten sehen wir uns ja meistens als Reagierende. Sie erinnern sich: Ich nerve, weil du nicht ... tust und ich ziehe mich zurück, weil du nervst. Das war das Thema mit der Henne und dem Ei. In schwierigen Situationen sehen wir die Schuld beim anderen. Sie kennen Ihren Partner doch sehr genau.

Ich empfehle Ihnen, einmal in die Haut des anderen zu schlüpfen. Sie erinnern sich an das Kapitel „Fitnesstraining für Ihr Einfühlungsvermögen". Dieses Training hilft Ihnen dabei. Erinnern Sie sich auch, welche Vorwürfe Sie schon so oft gehört haben.

Überlegen Sie, was Ihr Partner braucht und was er sich von Ihnen wünscht. Wie könnte sie/er den Streit empfunden haben? In welcher Verfassung war sie/er, als das Kriegsbeil ausgegraben wurde? Was braucht sie/er, um die Friedenspfeife zu rauchen? Vielleicht hilft Ihnen auch die Frage: „Angenommen Sie würden sich selbst beobachten, was glauben Sie, wäre Ihr Anteil am Streit?"

Oftmals hören wir von Seminarteilnehmern: „So ausführlich kann ich mich nicht vorbereiten, da fehlt mir einfach die Zeit. Das können wir gut nachvollziehen, und gleichzeitig verbrauchen wir so viel Zeit mit Streitereien, die immer wiederkehren. Wir grübeln nach, wir erzählen es Freunden und ärgern uns. Das ist sehr viel kostbare, vertane Energie und vor allem Zeit. 15 Minuten Vorbereitung sind da sicherlich gut investiert. Daher empfehlen wir es zu tun. Überlegen Sie nur, wie viel Zeit Sie zukünftig sparen.

Kurz zusammengefasst:
In der Vorbereitung liegt die große Chance, ein gutes und klärendes Gespräch zu führen. Überlegen Sie ganz konkret, was Sie für Themen haben. Wie können Sie für ein gutes Gesprächsklima sorgen? Wie bringen Sie Ihre Botschaft rüber ohne zu verletzen? Klären Sie, was Sie über sich selbst mitteilen wollen und was Sie genau erreichen wollen. Nehmen Sie sich die Zeit dafür, sich auf den Partner einzustellen und sich auch einmal in seine Rolle zu versetzen.

Wie steige ich ins Gespräch ein? Sie sitzen zusammen, um Ihr Thema zu besprechen und nutzen die Chance, gleich noch die 5 in Englisch Ihres Sohnes mitzuteilen oder kurz über den Ärger in der Arbeit zu berichten. Lassen Sie es. Benennen Sie noch einmal das Thema und fangen Sie an.

Hilfreich ist es, kurz zu besprechen, wie das Gespräch laufen soll. Das könnte sich zum Beispiel so anhören: „Wir schauen erst mal, wie jeder die Situation sieht und was wir brauchen. Wir reden einer nach dem anderen, hören uns gut zu und lassen uns gegenseitig aussprechen Sollten wir zu streiten anfangen, versuchen wir beide, die Reißleine zu ziehen. Entweder vertagen wir das Gespräch dann oder wir fangen einfach noch einmal an. Und ich lasse dich gerne zuerst erzählen, wie du die Sache siehst." Geben Sie dem Partner dann die Möglichkeit zunächst seine Sicht der Dinge darzustellen.

*Lassen Sie dem Partner den Vorrang*

## UND NUN GEHT'S ZUR SACHE

Sie können nun alles, was Sie bisher hier über konstruktive Gesprächsmethoden gehört haben, anwenden.

Den ganzen Koffer aufmachen und nutzen, was Sie gut können oder was Ihnen einfällt. Ich-Botschaften statt Schuldzuweisungen, die Beobachtung von der Bewertung und Interpretation trennen, die gewaltfreie Kommunikation, also die Gefühle und die Bedürfnisse auszusprechen und die Bitte klar zu benennen. Keine Angst! Trauen Sie sich. Sagen Sie Ihrem Partner, dass Sie einiges gelernt haben, weil er Ihnen wichtig ist, allerdings im Umgang damit noch nicht ganz sicher sind. Ihr Partner wird das zu schätzen wissen.

Gehen Sie auf Ihren Schatz ein: Hören Sie aktiv zu. Erspüren Sie, was Ihm wichtig ist und wie er sich fühlt. Stellen Sie Fragen und fassen Sie die Inhalte zusammen.

Bei Botschaften, die unter die Gürtellinie gehen, grenzen Sie sich ab: „Nicht in diesem Ton!" oder „Das trifft mich!". Oder einfach nur „Stopp!". Verlangsamen Sie Ihr Gespräch.

*Schluss mit dem Vorwurfs-Ping-Pong*

Machen Sie Schluss mit dem Vorwurfs-Ping-Pong. Nehmen Sie die Geschwindigkeit raus. Versuchen Sie, den anderen zu verstehen. Hören Sie zu, statt sich bereits die Gegenargumente durch den Kopf gehen zu lassen. Wiederholen Sie, was Sie verstanden haben.

Nehmen Sie sich ein Blatt Papier zur Hand und notieren Sie Ihre Gedanken.

Sollte das Gespräch destruktive Züge annehmen, starten Sie von vorne: „Ich glaube, wir drehen uns im Kreis. Ich versuche es noch einmal in meinen Worten zu wiederholen, was ich von dir verstanden habe und wünsche mir das auch von dir."

**Kurz zusammengefasst:**
Nutzen Sie alle Gesprächstechniken, die wir Ihnen hier vorgestellt haben! Vor allem aber entschleunigen Sie das Gespräch. Steigen Sie aus dem Vorwurfs-Ping-Pong aus, indem Sie wiederholen, was Sie verstanden haben.

## „DER KOPF IST RUND DAMIT DAS DENKEN DIE RICHTUNG WECHSELN KANN" (FRANCIS PICABIA) 10.5

Erst dann, wenn Sie verstanden haben, wo die Interessen, Wünsche und Bedürfnisse auf beiden Seiten liegen, ist der richtige Zeitpunkt gekommen, die Themen abzuschließen. Welche Bedürfnisse haben Sie beide?

Sammeln Sie Lösungen, ohne die Ideen des anderen zu kommentieren. Je mehr, desto besser. Prüfen Sie erst später, ob sie für Sie beide als Lösung in Frage kommen. Es kann sonst passieren, dass Sie bei der Lösungssuche im Teufelskreis landen.

Darum setzen Sie noch einmal den Fokus auf die Bedürfnisse. „Ich möchte mich im Urlaub bewegen und sie will einen romantischen Abend mit Sonnenuntergang am Meer." Lösungen können sein: „Wir fahren getrennt in den Urlaub. Wir fahren nach Kreta oder La Gomera, dort können wir beide Wünsche erfüllen. Dieses Jahr geht es in den Süden und nächstes Jahr zum Radeln in die Berge." Sammeln Sie einfach und entscheiden Sie erst später, was in Frage kommt. Treffen Sie Vereinbarungen, die Sie auch überprüfen können.

Nicht im Sinne eines Kontrolleurs, sondern um sicherzustellen, dass eine positive Lösung keine Negativspirale in Gang setzt. Achten Sie auch darauf, dass die Lösung umsetzbar ist und vermeiden Sie pauschale Formulierungen. Konflikte entzünden sich oft an pauschalen Formulierungen. Besprechen Sie zum Beispiel wer, was, wann macht!

## 10.6 ENDE GUT, ALLES GUT

Überprüfen Sie nun, ob wirklich alles besprochen wurde oder ob auf dem Weg etwas verloren gegangen ist? Oder ist eventuell ein neues Thema entstanden?

Freuen Sie sich, dass Sie eine Lösung gefunden haben und beglückwünschen Sie sich gegenseitig.

*Das Rezept „Klärungsgespräche erfolgreich meistern"*

Denken Sie gerade: „Das ist doch viel zu theoretisch. So wird ein Gespräch in der Realität doch nie ablaufen?" Das stimmt. Und gleichzeitig ist das Modell wie ein Rezept. Und so sollten Sie es auch anwenden. Seien Sie sich bewusst, dass zum Beispiel das Kochen erst nach der Vorbereitung erfolgen kann. Auch ist es sinnvoll, je nach Geschmack, die Zutaten zu verfeinern mit Gewürzen oder aber das eine oder andere wegzulassen. Nutzen Sie das Rezept als Grundlage.

**„Klärungsgespräche erfolgreich meistern"
noch einmal in Kürze:**

Erinnern Sie sich noch einmal an Ihre Art zu streiten, an Ihren Streittyp. Machen Sie sich bewusst, dass die Vorbereitung der wichtigste Part für ein gelungenes Klärungsgespräch ist. Dieses verläuft in den folgenden fünf Schritten:

1. Die Vorbereitung
2. Der Einstieg
3. Die Klärung der Themen
4. Die Lösungen finden und auswählen
5. Der Abschluss

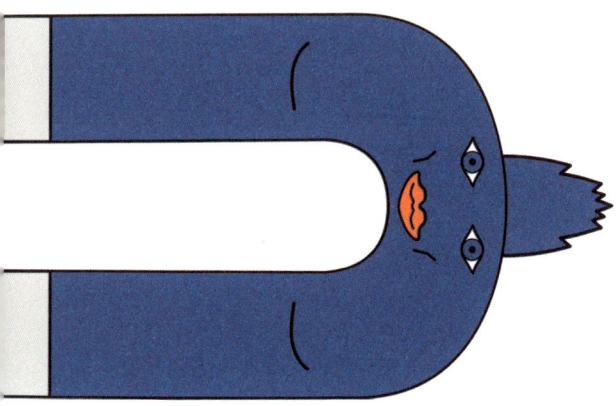

# STOLPERSTEIN MUSS NICHT SEIN!

So überwinden Sie die Veränderungsblockade

## WAS GEHT ALS ERSTES SCHIEF?

Nun haben wir eine Lösung und dann sollen wir uns fragen, was als erstes schief geht? „Geht's noch?", denken Sie vielleicht! Wir haben miteinander um eine Lösung gerungen und manchmal war es schwierig, die Kurve ins Positive zu kriegen. Nun sind wir erleichtert und erschöpft. Durch das Gespräch und den offenen Austausch sind wir wieder in einem guten Kontakt miteinander. Wir fühlen uns verbunden und verstehen uns. Wir sind mit unserer Lösung glücklich und erleichtert. Und nun setzen wir alles aufs Spiel? Wir fangen wieder von vorne an? Nein.

Die Euphorie, am glücklichen Ende angekommen zu sein, eine Lösung gefunden zu haben, lässt uns fast ein wenig blauäugig sein. Wir unterschätzen vielleicht die Tücke des Alltags und unterschätzen die Einflüsse von außen. Ein klein wenig haben wir nun die rosarote Brille wieder auf und sind überzeugt, diese nun aufzubehalten.

Überlegen Sie nun genau aus diesem Grund, wo die Lösung Schwachstellen hat, wo die Stolpersteine liegen. Bauen Sie gleich noch eine Brücke darüber. Räumen Sie mögliche Hinderungsgründe bereits jetzt aus dem Weg. Passen Sie dann die Lösung einfach an. Überlegen Sie, wie Sie das wöchentliches Rendezvous auch bei Krankheit des Babysitters zelebrieren. Oder wie Sie einen Ersatztermin finden, der nicht mit Handballtraining oder Frauenstammtisch kollidiert.

Ein Beispiel: Sie streiten häufig bis immer, wenn Sie gemeinsam mit dem Auto in den Urlaub fahren. Er muss noch wichtige Mails checken, die Kinder nerven, wann es endlich losgeht, und Sie haben noch etwas einzupacken vergessen.

Bei allen liegen die Nerven blank. Da braucht es nicht mehr viel. Jeder ist genervt. Ihre Lösung ist eine detaillierte Urlaubscheckliste: er checkt die Mails bereits am Abend vorher. Sie haken alles ab, was Sie einpacken wollen, damit Sie nichts vergessen. Was geht trotzdem als erstes schief? „Die Kinder". Wir können mit kleinen Kindern einfach nicht vereinbaren, dass Sie ruhig und geduldig warten, bis es endlich in den lang ersehnten Strandurlaub geht. Klar. Es kommt die permanente Fragerei: „Wann fahren wir endlich?" Das kann eventuell auch uns so nerven, dass wir bei einer Kleinigkeit unsere wunderbare Vereinbarung über Bord werfen.

Also braucht es noch eine kleine Nachbesserung. Zum Beispiel kann man die Kinder bereits die Nacht vorher bei den Großeltern abgeben und sie wieder gut gelaunt am nächsten Tag abholen, wenn man bereit ist die Reise anzutreten. Die Großeltern freuen sich auch noch, dass Sie die Kleinen vor der großen Urlaubspause noch verwöhnen dürfen. Prüfen Sie Ihre Lösung auf Herz und Nieren.

Und nun sind Sie bestens vorbereitet. Planen Sie dennoch einen Termin ein, an dem Sie aufgrund erster Erfahrungen noch einmal nachbessern. Was ist schief gelaufen, wo können wir noch nachjustieren? Und suchen Sie das Gespräch beim Auftreten der ersten Böe, bevor es wieder zum Sturm kommt. Allerdings getreu dem Motto von Gunther Schmidt: „Aus Fehlern wird man klug, drum ist einer nicht genug." Lernen Sie aus Ihren Erfahrungen. Und nützen Sie vor allem diese Rückschau, um sich zu beglückwünschen. Klopfen Sie sich gegenseitig auf die Schultern.

*„Aus Fehlern wird man klug, drum ist einer nicht genug"*

## ÜBUNG MACHT DEN MEISTER!

Dieser Spruch begleitet mich schon viele Jahre. Und auch beim Thema Kommunikation enthält er viel Wahrheit.

Wer hat uns als Kind, oder in der Schule gelehrt, wie wir generell mit anderen oder als Paar wertschätzend miteinander reden und umgehen? Im Berufsleben lag der Fokus lange Zeit vor allem auf manipulativen Gesprächstechniken.

Wir haben also alle unsere Kommunikations-Autobahnen.

*Kommuni-*
*kations-*
*Autobahnen*

Wir kennen einige Schleichwege und manchmal verstecken wir uns im Parkhaus bis der Sturm vorbei ist. Diese Möglichkeiten kennen wir gut. Wir nützen Sie täglich mit unserem Partner. Und das schon seit vielen Jahren. 5, 15 oder vielleicht sogar schon 30 Jahre. Nun kommen wir und erzählen Ihnen von traumhaften Panoramastraßen und geben Ihnen eine genaue Straßenkarte.

Ihr Navigationssystem reagiert nun bei der ersten Unsicherheit mit dem gewohnten Verhalten. „Bitte wenden Sie bei der nächsten Möglichkeit und nutzen Sie die Autobahn". Penetrant wie Navis so sind, ermüden Sie nicht und ändern auch nicht ihre Meinung. Mit stoischer Ruhe verkündet Ihr Navi: „Bitte nehmen Sie bei der nächsten Möglichkeit die Autobahn." Versuchen Sie immer öfter, Ihre Autobahn zu verlassen.

Die Straßen, die wir Ihnen anbieten, können am Anfang holprig sein. Es sind eventuell Trampelpfade, die Sie noch einfahren müssen, um diese langsam auch zu Ihrer Autobahn auszubauen.

1 kg
gold
999,9

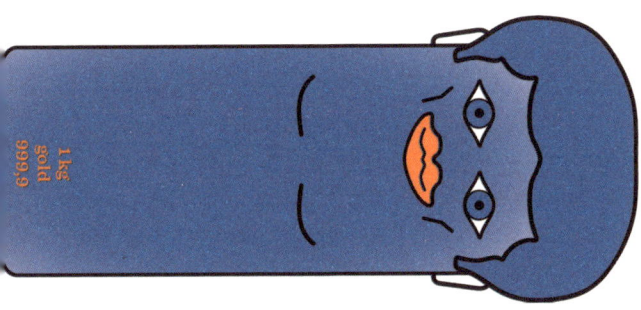

# TANKEN SIE
# BEZIEHUNGSENERGIE

Die besondere Dusche

Es sind nicht nur die großen Dinge, die uns stärken und die Beziehung beleben. Oftmals sind es gerade die kleinen Dinge, die uns so gut tun und unseren und somit auch den gemeinsamen Tank wieder mit Lebensenergie füllen. Dazu möchten wir Ihnen zwei Anregungen mit auf den Weg geben und sicherlich können Sie selbst noch einiges ergänzen.

## 12.1    EINE MINUTE FÜR IHRE ENTSPANNUNG

Bei jedem Gefühl von Stress, Ärger, Angst und Wut steigt Ihr Adrenalin-Spiegel. Je mehr unangenehme Situationen Sie erleben, desto näher kommen Sie dem Vulkanausbruch, auch wenn die Situation oder die Person gar nichts mit den angestauten Aggressionen zu tun hat. Das Adrenalin-Fass ist einfach am Überlaufen.

*Schutz vor emotionalen Ausbrüchen*

Schützen Sie sich und Ihre(n) Liebste(n) vor solchen emotionalen Ausbrüchen und bauen Sie den Hormoncocktail rechtzeitig ab. Eine gute Möglichkeit dazu bietet die Blitzentspannung. Diese können Sie jederzeit – also auch in einer kurzen Pause – anwenden:

1. Setzen Sie sich bequem hin und atmen Sie ruhig.

2. Krümmen Sie Ihre Zehen ganz fest nach unten. Atmen Sie ruhig weiter und zählen Sie bis sechs. Dann entspannen Sie Ihre Zehen und zählen wieder bis sechs.

3. Spannen Sie die Füße, die Beine und den Po kräftig an.

Atmen Sie ruhig weiter und zählen bis sechs. Dann
lassen Sie Ihre Muskeln locker und zählen wieder
bis sechs.

4. Nun den Bauch sechs Sekunden anspannen und den
   Rücken dagegen drücken. Atmen Sie auch hier ruhig
   weiter und zählen Sie bis sechs. Dann entspannen
   Sie Bauch und Rücken und zählen wieder bis sechs.

5. Nun Brust, Rücken, Schultern und Arme anspannen
   und die Fäuste ballen. Ganz fest. Atmen Sie ruhig
   weiter und zählen bis sechs. Dann lassen sie Brust,
   Rücken, Schultern und Arme locker und zählen
   wieder bis sechs.

6. Schneiden Sie nun mit allen Gesichtsmuskeln eine
   Grimasse. Halten Sie die Anspannung indem Sie bis
   sechs zählen und lassen Sie dann locker und zählen
   wieder bis sechs.

7. Am Ende spannen Sie alle Muskeln von den Zehen-
   spitzen bis zur Stirn gleichzeitig an. Die Füße, die
   Beine, den Po, die Brust, den Rücken, die Schultern,
   die Arme, die Hände und die Gesichtsmuskeln.
   Zählen Sie bis sechs und lassen Sie dann die
   Muskeln wieder locker.

8. Bleiben Sie nun noch einen kurzen Moment sitzen
   und genießen Sie die Entspannung.

## GÖNNEN SIE IHRER BEZIEHUNG
## DIE BESONDERE DUSCHE!

*Anerken-*
*nung als*
*Wunder-*
*mittel*

Kritik zu äußern fällt vielen Menschen sehr leicht. Oftmals vergessen wir darüber, dem Liebsten auch zu sagen, was uns so sehr an ihm/ihr gefällt. Dabei ist Anerkennung ein Wundermittel, das Ihre Beziehung grundlegend verbessern kann. Folgende Übung habe ich in einigen Seminaren, sogar im beruflichen Umfeld durchgeführt. Die Reaktionen sind überwältigend.

### Nun die Anleitung zur Dusche:

Bitten Sie Ihren Partner, sich einige Minuten zu Ihnen zu setzen. Setzen Sie sich hinter Ihren Partner und duschen Sie ihn mit Wertschätzung.

Sagen Sie ihm alles, was Ihnen an ihm gefällt. Was Sie schätzen. Was er schon alles für Sie getan hat.

Die folgenden Worte helfen dabei: „Ich finde, dass du …. weil ich … (wahrgenommen habe)". Aber auch jede andere Formulierung ist erlaubt.

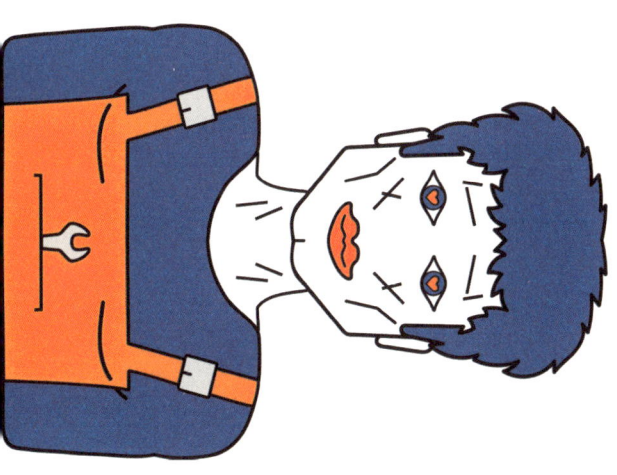

## HAPPY END ODER WIE TRÄUME WIRKLICHKEIT WERDEN–

Wie es enden sollte!

**13.0**

Sie werden sich jetzt sicher die Frage stellen, wie kann ich das alles, was ich jetzt gelernt habe so umsetzen, dass meine Träume von einer glücklichen und erfüllten Beziehung Wirklichkeit werden? Sie haben sich das vom Büffet auf den Teller geladen, das Ihnen besonders schmeckt und einiges, das Sie probieren wollen. Sie haben viel darüber erfahren, wie wir mit unseren unterschiedlichen Ohren hören und mit mehreren Zungen sprechen, wie ein Gespräch gelingt und wie Sie im Konfliktfall gemeinsam Lösungen finden können. Das klingt ja alles recht gut und doch wird bei Ihnen vielleicht eine Unsicherheit bestehen, wie Sie das jetzt alles in Ihr Leben integrieren können. Alleine schon durch das aktive durcharbeiten dieses Buches haben Sie – bewusst oder unbewusst – bereits den ersten Schritt getan.

*„Der Weg ist das Ziel!" – Doch wer sich nicht auf den Weg macht, der erreicht nie sein Ziel!*

In diesem Sinne möchten wir Sie ermutigen, auch den nächsten Schritt zu gehen und wünschen Ihnen viel Erfolg beim Anwenden des Gelernten, viele gelungene Gespräche und Ihr persönliches Happy End, denn:

„Der Weg ist das Ziel!" (Konfuzius) – Doch wer sich nicht auf den Weg macht, der erreicht nie sein Ziel!

## ANLAGEN:
## BEDÜRFNISSE

*Übung*
*siehe*
*S. 34*

| *Körperliche Grundbedürfnisse* | Atmung<br>Nahrung<br>Schlaf<br>Trinken<br>Wärme |
| --- | --- |

| *Abwechslung* | Abenteuer<br>Kreativität<br>Unterhaltung<br>Vielfalt |
| --- | --- |

| *Austausch* | Kommunikation<br>Verständigung<br>Verständnis<br>Wahrgenommen werden |
| --- | --- |

| *Balance* | Ausgeglichenheit<br>Ausgewogenheit<br>Gegenseitigkeit<br>Gleichgewicht<br>Gleichwertigkeit |
| --- | --- |

| *Dazugehören* | Eigenen Platz haben<br>Einbezogen sein<br>Gemeinschaft<br>Verständnis |
|---|---|

| *Entspannung* | Bequemlichkeit<br>Erholung<br>Frieden<br>Gelassenheit<br>Gemütlichkeit<br>Harmonie<br>Rückzug<br>Ruhe |
|---|---|

| *Entwicklung* | Anregung<br>Inspiration<br>Lernen<br>Selbstentfaltung<br>Sinn<br>Verbesserung<br>Wachstum |
|---|---|

| Gerechtigkeit | Gleichbehandlung<br>Gleichwertigkeit |
|---|---|

| Leichtigkeit | Bequemlichkeit<br>Humor<br>Freude<br>Lebendigkeit<br>Spaß<br>Spiel |
|---|---|

| Schönheit | Ästhetik<br>Harmonie<br>Ordnung |
|---|---|

| Selbstbestimmung | Authentizität<br>Autonomie<br>Eigenständigkeit<br>Freiheit<br>Freiwilligkeit<br>Individualität<br>Privatsphäre<br>Unabhängigkeit |
|---|---|

| Sicherheit | Achtsamkeit |
|---|---|
| | Aufrichtigkeit |
| | Beständigkeit |
| | Diskretion |
| | Ehrlichkeit |
| | Geborgenheit |
| | Klarheit |
| | Orientierung |
| | Ordnung |
| | Privatsphäre |
| | Verbindlichkeit |
| | Vertrauen |
| | Vertraulichkeit |

| Unterstützung | Ermutigung |
|---|---|
| | Hilfe |
| | Fürsorge |
| | Rückhalt |
| | Zusammenarbeit |
| | Zuspruch |

| | |
|---|---|
| *Verbundenheit* | Akzeptanz |
| | Aufmerksamkeit |
| | Aufrichtigkeit |
| | Ehrlichkeit |
| | Einfühlung |
| | Gemeinschaft |
| | Intimität |
| | Kontakt |
| | Nähe |
| | Respekt |
| | Sexualität |
| | Tiefe |
| | Transparenz |
| | Verbindlichkeit |
| | Verlässlichkeit |
| | Verständnis |
| | Wahrgenommen werden |

| | |
|---|---|
| *Wertschätzung* | Anerkennung |
| | Bestätigung |
| | Bewunderung |
| | Dankbarkeit |
| | Respekt |

| *Wirksam sein* | Effektivität |
| | Erfolg |
| | Selbstwirksamkeit |
| | Kreativität |
| | Kompetenz |

# ANGENEHME GEFÜHLE

*Übung
siehe
S. 42*

*Auflösung* der Übung von S. 42:

Angenehme Gefühle sind Hinweise auf erfüllte Bedürfnisse. Den meisten Menschen fallen ca. 10 – 20 Begriffe ein. Sollten es weniger sein, ist Ihr Vokabular noch etwas begrenzt. Bei mehr als 20 Worten liegen Sie bereits im oberen Drittel. Bei mehr als 30 haben Sie bereits einen guten und differenzierten Wortschatz.

| | |
|---|---|
| angenehm | beweglich |
| anhänglich | bewegt |
| anschmiegsam | bezaubert |
| atemlos | dankbar |
| attraktiv | dynamisch |
| aufgedreht | eifrig |
| aufgekratzt | ekstatisch |
| aufgeregt | empfindsam |
| aufmerksam | emsig |
| ausgeglichen | energievoll |
| ausgelassen | enthusiastisch |
| begeistert | entspannt |
| behaglich | entzückt |
| belebt | erfüllt |
| beruhigt | ergriffen |
| berührt | erleichtert |
| beschaulich | erwartungsvoll |
| beschwingt | fantastisch |
| besinnlich | fasziniert |
| beständig | frei |

freudig
freundlich
friedlich
frisch
froh
frohgemut
fröhlich
geborgen
gelassen
gelöst
gemütlich
gesellig
gespannt
gesund
glücklich
gut
gut gelaunt
heiter
hellwach
herzlich
hingerissen
hoffnungsvoll
inspiriert
interessiert
klar
konzentriert
lebendig
lebhaft

leicht
locker
lustig
lustvoll
motiviert
munter
mutig
neugierig
offen
optimistisch
quicklebendig
robust
romantisch
ruhig
sanftmütig
satt
schöpferisch
schwungvoll
selbstsicher
selig
sicher
sorglos
spontan
spritzig
stabil
stark
still
stolz

tapfer
tatkräftig
tiefsinnig
träumerisch
überglücklich
übermütig
überrascht
überschäumend
überwältigt
unabhängig
unbekümmert
unbeschwert
unbesorgt
unempfindlich
unerschütterlich
unverzagt
vergnügt
verliebt
verspielt
vertrauensvoll
verträumt
vertraut
verzaubert
wach
warmherzig
weich
zart
zärtlich

zufrieden
zugeneigt
zugewandt
zuversichtlich
...

# UNANGENEHME GEFÜHLE

Unangenehme Gefühle sind Hinweise auf unerfüllte Bedürfnisse. Vom Gedanken zum Gefühl:

*Übung siehe S. 42*

| Gedanken | Gefühle bei Angst / Stress |
|---|---|
| Das ist gefährlich/riskant<br>Das ist schlimm<br>Ich werde versagen<br>Es wird schief gehen | ängstlich<br>angespannt<br>aufgeregt<br>aufgewühlt<br>besorgt<br>durcheinander<br>eifersüchtig<br>entsetzt<br>gehemmt<br>gestresst<br>irritiert<br>nervös<br>schockiert<br>überfordert<br>überlastet<br>unruhig<br>ungeduldig<br>unsicher<br>verunsichert<br>verwirrt |

| Gedanken | Gefühle bei Einsamkeit |
|---|---|
| Niemand ist für mich da<br>Keiner hat Interesse<br>an mir | einsam |
| *Gedanken* | *Gefühle bei Frust* |
| Meine Mühe ist sinnlos<br>Meine Bemühung ist ohne<br>Wirkung | demotiviert<br>entmutigt<br>frustriert<br>resigniert<br>verbittert |
| *Gedanken* | *Gefühle bei<br>Gleichgültigkeit* |
| Das ist mir nicht wichtig<br>Das brauche ich nicht | angeödet<br>desinteressiert<br>gefühllos<br>gelangweilt<br>gleichgültig<br>lustlos / teilnahmslos |

| Gedanken | Gefühle bei Hoffnungslosigkeit |
|---|---|
| Man kann nichts tun<br>Das lässt sich nicht ändern<br>Das ist unmöglich | deprimiert<br>hoffnungslos<br>mutlos<br>verzweifelt |
| Gedanken | Gefühle bei Ohnmacht |
| Ich kann nichts tun<br>Ich kann nichts ändern | blockiert<br>gelähmt<br>hilflos<br>überfordert<br>überlastet<br>ohnmächtig |
| Gedanken | Gefühle bei Scham |
| Mit mir stimmt was nicht<br>Ich bin nicht in Ordnung<br>Ich bin falsch | peinlich berührt sein<br>sich genieren / schämen<br>unangenehm berührt<br>verlegen |

| Gedanken | Gefühle bei Schuld |
|---|---|
| Ich habe es falsch gemacht<br>Es liegt an mir<br>Ich bin Schuld | schuldig<br>verantwortlich<br>verpflichtet |
| Gedanken | Gefühle bei Trauer |
| Ich habe etwas verloren<br>Ich bekomme das<br>Verlorene nie wieder<br>Ich bekomme das was<br>ich brauche nie wieder | bedrückt<br>betrübt<br>enttäuscht<br>niedergeschlagen<br>traurig |
| Gedanken | Gefühle bei Unzufriedenheit |
| Es ist nicht wie es<br>sein soll | unbefriedigt<br>unzufrieden<br>schlecht gelaunt |

| Gedanken | Gefühle bei Wut / Ärger |
|---|---|
| Es ist falsch<br>Das darf man nicht<br>Es ist nicht richtig<br>Das macht man nicht | ärgerlich<br>aufgebracht<br>beleidigt<br>bestürzt<br>die Nase voll haben<br>empört<br>entrüstet<br>erschüttert<br>etwas satt haben<br>fassungslos<br>frustriert<br>geladen<br>genervt<br>gereizt<br>hasserfüllt<br>sauer<br>trotzig<br>ungehalten<br>widerwillig<br>wütend<br>zornig |

# SELBSTEINSCHÄTZUNGSBOGEN

*Übung*
*siehe*
*S. 83*

In diesem Selbsteinschätzungsbogen können Sie die Sensibilität Ihrer vier Ohren überprüfen. Mit welchem Ohr höre ich besonders gut:

Bitte lesen Sie die Schilderungen und kreuzen Sie die Reaktionen an, die Ihnen spontan am nächsten liegen. Im Zweifel können Sie auch zwei Antworten wählen. Werten Sie den Bogen dann aus.

## Situation 1:

Angenommen Ihr geliebtes Haustier hat sich bei einem Unfall schwer verletzt. Sie kommen in die Notaufnahme zum Tierarzt, doch vor Ihnen warten schon andere Tierliebhaber. Sie müssen warten während Ihr Liebling offensichtlich leidet. Endlich sind Sie an der Reihe und schildern der Sprechstundenhilfe sofort den Hergang der Verletzung. Doch diese sagt: „Nur mit der Ruhe, erstmal ganz langsam, waren Sie schon mal bei uns?"

| | |
|---|---|
| A | Sie ärgern sich, dass die Arzthelferin Sie so unfreundlich behandelt. |
| B | Sie nicken und sagen: „In der Ruhe liegt die Kraft" |
| C | Sie sagen der Arzthelferin, ob Sie schon einmal hier waren und wann. |
| D | Sie verstehen, dass die Arzthelferin versucht ihre Arbeit in dieser Praxis zu organisieren. |

Situation 2:

Auf einem Schuljubiläum entdecken Sie eine ehemalige Mitschülerin, die Sie seit vielen Jahren nicht mehr gesehen haben. Sie trägt auffällig edle Kleidung und Schmuck. Sie winken und grüßen herzlich, doch Ihr Gruß wird nicht erwidert. Die Person macht große Augen und dreht den Kopf zur Seite.

| | |
|---|---|
| A | Sie interpretieren, dass sie wohl in Gedanken woanders ist. |
| B | Sie denken, sie hat mich nicht mehr erkannt. |
| C | Sie verstehen: „Lass mich in Ruhe!" |
| D | Sie denken: „Dich kenne ich nun auch nicht mehr." |

Situation 3:

Sie gehen mit Ihrem Partner zum Grillen. Es entwickelt sich zwischen Ihnen und anderen Gästen eine nette Unterhaltung. Nach einiger Zeit platzt Ihr Partner in das Gespräch mit der Frage: „Woher kennt Ihr euch?"

| A | Sie antworten, woher die Bekanntschaften stammen. |
|---|---|
| B | Sie vermuten, dass ihr Partner vorgestellt werden möchte. |
| C | Sie finden die Art der Unterbrechung und den Ton nicht angemessen. |
| D | Sie fragen sich, weshalb Ihr Partner nach so langer Zeit immer noch in Beziehungsfragen unsicher ist. |

Situation 4:

Sie haben ein großes Einzelbüro. Eine Kollegin, mit deren Ex-Partner Sie zusammen sind, kommt zu ihnen ins Zimmer. Sie zieht die Nase hoch und sagt: „Ist das hier eine Luft."

| A | Sie bemerken auch, dass die Luft verbraucht ist. |
|---|---|
| B | Sie fühlen sich gedrängt zu lüften. |
| C | Sie ist wohl eine Frischluftfanatikerin. |
| D | Sie denken, wie spricht die eigentlich mit mir. |

Es ist ein heißer Urlaubstag im Sommer. Sie machen einen Einkaufsbummel. Als Sie nach Hause kommen empfängt Ihre Partnerin Sie mit den Worten: „Na, willst du nicht erst mal duschen?"

| A | Sie nehmen das Angebot an und gehen duschen. |
|---|---|
| B | Sie hören daraus: „Mach dich doch erst mal frisch." |
| C | Sie ist ganz vernarrt in den Geruch meines neuen Duschgels. |
| D | Sie findet, dass ich unangenehm rieche. |

Ihre Großtante ruft an und sagt: „Ich habe die ganze Zeit versucht dich zu erreichen. Wann hängst du das Bild bei mir auf?"

| A | Sie haben ein schlechtes Gewissen und fahren los. |
|---|---|

| | |
|---|---|
| B | Sie haben den Eindruck, dass Sie gleich los fahren sollen. |
| C | Sie haben ein schlechtes Gewissen, weil Sie so schlecht erreichbar sind und so wenig Zeit für Ihre Tante haben. |
| D | Sie gehen direkt zum Kalender und schlagen einen Termin vor. |

Situation 7:

Sie haben einen Termin beim Finanzamt. Sie betreten pünktlich das Büro der zuständigen Mitarbeiterin. Die Mitarbeiterin hat eine Tasse Kaffee in der Hand und sagt: „Es dauert noch ein paar Sekündchen."

| | |
|---|---|
| A | Sie ärgern sich, da Sie einen Termin hatten. |
| B | Sie können verstehen, dass Sie noch warten müssen. |
| C | Sie bleiben stehen und warten bis Ihnen gesagt wird, was Sie tun sollen. |
| D | Sie vermuten, dass Sie rausgehen und draußen warten sollen. |

Situation 8:

Sie decken den Frühstückstisch besonders schön. Ihr Partner kommt die Treppe herunter. Sie begrüßen ihn mit den Worten: „Guten Morgen, Schatz. Der Kaffee ist fertig!" Er sagt nur kurz: „Weiß ich schon."

| A | Sie denken, es duftet wohl schon im ganzen Haus gut nach Kaffee. |
|---|---|
| B | Sie vermuten, dass Sie ihn erstmal in Ruhe lassen sollen. |
| C | Sie haben es wieder nicht geschafft, ihn zu überraschen. |
| D | Sie ärgern sich, dass er Ihre Bemühung nicht honoriert. |

Situation 9:

Sie organisieren für Ihren Partner zum Geburtstag eine Überraschungsparty mit Stehimbiss, Beiträgen und Spielen. Nach der Feier sagt Ihr Partner: „Für diese Party hast du zwei Wochen Vorbereitung gebraucht"

| A | Sie vermuten, dass Sie ihm sagen sollen, was so viel Zeit in Anspruch genommen hat. |
|---|---|

| B | Sie rechnen nochmal nach wieviele Tage es genau waren. |
|---|---|
| C | Sie vermuten, dass er es schneller geschafft hätte. |
| D | Sie finden die Bemerkung nicht angebracht und vermissen die Anerkennung. |

Situation 10:

Als Trainer der Jugendmannschaft des örtlichen Fußballclubs teilen Sie sich die Trainerarbeit mit einem Kollegen. Es war besprochen, dass Sie nur die Trainingseinheiten an Freitagen übernehmen können. Doch nun fällt bei einem Telefonat mit dem Trainerkollegen der Satz: „Du fährst ja nie mit zu den Spielen."

| A | Sie stimmen zu, da es ja so geplant war. |
|---|---|
| B | Sie fühlen sich gedrängt, dass Sie nächstes Wochenende mit zum Spiel fahren sollen. |
| C | Sie merken, dass er enttäuscht ist, weil Sie am Wochenende bei den Spielen nicht dabei sind. |

| D | Sie ärgern sich, dass er versucht Sie unter Druck zu setzen. |
|---|---|

Bitte übertragen Sie Ihre Antworten durch Ankreuzen in die Tabelle. Addieren Sie die Kreuze je Zeile.

| Situation / Zeile | 1 | 2 | 3 | 4 | 5 | 6 |
|---|---|---|---|---|---|---|
| 1 | A | D | C | D | D | A |
| 2 | C | B | A | A | A | D |
| 3 | B | C | B | B | B | B |
| 4 | D | A | D | C | C | C |

| Situation / Zeile | 7 | 8 | 9 | 10 | Gesamt |
|---|---|---|---|---|---|
| 1 | A | D | D | D | |
| 2 | C | A | B | A | |
| 3 | D | B | A | B | |
| 4 | B | C | C | C | |

## AUSWERTUNG

Übertragen Sie das Gesamtergebnis in diese Auswertungstabelle:

| Zeile | Ohr | Ihre Ergebnisse |
|-------|-----|-----------------|
| 1 | Beziehungsohr | |
| 2 | Sachohr | |
| 3 | Appellohr | |
| 4 | Selbstoffenbarungsohr | |

Das höchste Ergebnis zeigt Ihnen, mit welchem Ohr Sie am sensibelsten hören.

Überprüfen Sie das Ergebnis.

Sehen Sie sich auch so? Oder sehen Sie sich ganz anders? Nehmen Sie das Ergebnis als Möglichkeit sich mit Ihren Ohren auseinanderzusetzen. Bitte bedenken Sie auch, dass in unterschiedlichen Situationen auch mit unterschiedlichen Personen eventuell auch unterschiedliche Ohren besser hören.

## DANKSAGUNG

DANKESCHÖN sagen wir,
... ALL DEN MENSCHEN,
die uns bei der Arbeit zu diesem Buch unterstützt haben.

... unserer GRAFIKERIN CAROLIN ESTERHAMMER für die klaren und aussagekräftigen Bilder.

... NICOLA NAGEL, die den Titel ausgegraben hat.

... all den TRAINERN, GRAFIKERN und AUTOREN, die sich mit dem Thema bereits vor uns befasst haben.

... unseren FREUNDINNEN, KOLLEGINNEN und BEKANNTEN, die uns verständnisvoll und motivierend, Schulter an Schulter, Schritt für Schritt auf unseren Wegen begleitet und mit ihren Worten und Gedanken unterstützten.

... KARIN STANGASSINGER und PROF. DR. BENEDIKTA GRÄFIN VON DEYM-SODEN, die die wertschätzende Kommunikation und die konstruktive Konfliktklärung in Rosis Ausbildung zur Mediatorin vorbildhaft gelehrt und vor allem gelebt haben.

Ein ganz besonderes DANKESCHÖN sagen wir,

.... DR. MICHAELA ADAMSKI, ROSEMARIE BECKER, KARL BECKER, GUDRUN DISSEL und MICHAEL ESTERHAMMER sowie CHRISTINA SASMONO, HENDRO SASMONO, KARLHEINZ KUDER und ROSWITHA KUDER, die das Manuskript wieder und wieder Probe gelesen haben, für eure offenen vier Ohren und eure Ausdauer, für eure zahlreichen hilfreichen Rückmeldungen und eure Ideen und kritischen Einwände.

Ein inniges und herzliches DANKESCHÖN,

... MEINER FAMILIE
für ihr Vertrauen, ihre Liebe und Unterstützung.

... MEINEM MANN,
der mir aktiv als Gesprächspartner und Ratgeber zur Seite stand und mich als Unterstützer und Förderer in allen Abschnitten liebend und stärkend begleitet hat.

... MEINEM SOHN und MEINER TOCHTER,
die mir in dieser arbeitsintensiven Zeit mit Rücksicht und Verständnis begegneten und mit technischem Know–How

und künstlerischem, kreativem Talent zum Gelingen beigetragen haben.

... MEINEN ELTERN,
die mich auch auf diesem Lebensabschnitt fördernd, unterstützend und vor allem liebend begleitet haben.

... MEINER SCHWESTER,
die mir als liebevolle Freundin nicht nur in dieser Zeit mit Rat und Tat zur Seite stand.

... MEINEM KOLLEGEN, PETER KUDER
für die vertrauensvolle und bereichernde Zusammenarbeit.

Rosi Esterhammer

Ein inniges und herzliches
DANKESCHÖN,

... MEINER FRAU
ROSWITHA,
die mich all die Jahre
durch Höhen und Tiefen
liebend begleitet hat.

... DEN KINDERN und
DEREN LEBENS-
PARTNERN so wie
UNSEREM ENKEL, ich
liebe euch alle.

... MEINEN ELTERN und
GESCHWISTERN,
die immer für mich da
waren und die mir zeigten,
dass es in Ordnung ist, Gefühle zu haben.

... MEINER KOLLEGIN,
ROSI ESTERHAMMER,
die nach der Schreibprobe
sagte: „Ich schreibe es."

Peter Kuder

# LITERATURVERZEICHNIS

BÄHNER, Christian,
OBOTH, Monika,
SCHMIDT, Jörg:
*Konfliktklärung in Teams
& Gruppen, Jungfermann
Verlag, 2008*

BAUER, Joachim:
*Schmerzgrenze. Vom Ur-
sprung alltäglicher und
globaler Gewalt. Karl Bles-
sing Verlag, München 2011*

BECK, Reinhilde,
BIRKLE, Waltraud:
*Der Konfliktcoach (CD),
Interaktive Medien Verlag*

BIRSAK, Gerhard:
*www.allesimleben.at/
downloads/sekundenent-
spannung.pdf, gesehen am
24.08.2015 um 10:46 Uhr*

BRÜGGEMEIER, Beate:
*Wertschätzende Kommuni-
kation im Business. Jun-
fermann Verlag, 2011*

CICERO, Roger:
*CD Männersachen, Star-
watch music, 2007 Covey,
Stephen R.: Die sieben
Wege zur Effektivität. Wil-
helm Heyne Verlag GmbH
& Co. KG, 1998, 7. Auflage*

CURAMENTIS:
*https://www.youtube.com/
watch?v=DLke3derXBI;
hypnose trance wahr-
nehmung täuschung.mp4,
gesehen am 24.08.2015 um
10:23 Uhr*

CREMER, Samuel,
SCHMACHER, Christian:
*GFK-Navigator für Be-
dürfnisse, Future Pace
Media, 2016*

CREMER, Samuel,
SCHMACHER, Christian:
*GFK-Navigator für Ge-
fühle, Emotionen und
Stimmungen, Future Pace
Media, 2016*

DOBAT, Reinhard:
*Zeit zu leben Verlags- und Trainingsgesellschaft mbH, Online Magazin Zeit zu leben, Falsche Entscheidung? – (Ent-) Täuschungen in der Partnerschaft*

DÜRRSCHMIDT, Peter, KOBLITZ, Joachim, MENCKE, Marco, ROLOFS, Andrea, RUMP Konrad, SCHRAMM, Susanne, STRASMANN, Jochen:
*Methodensammlung für Trainerinnen und Trainer, managerSeminare Verlags GmbH 2005, 6. Auflage*

GLASL, Friedrich:
*Konfliktmanagement statt Streitlust, 2006*

GLASL, Friedrich:
*Konfliktmanagement. Ein Handbuch für Führungskräfte, Beraterinnen und Berater. Verlag freies Geistesleben, 2004, 8. Auflage*

GLASL, Friedrich:
*Selbsthilfe in Konflikten. Verlag freies Geistesleben, 2007, 5. Auflage*

GORDON, Thomas:
*Familienkonferenz. Wilhelm Heyne Verlag. 2008*

HOLLER, Ingrid:
*Mit dir zu reden ist sinnlos, junfermann Verlag, 2010, 1. Auflage*

ISERT, Bernd:
*Metaforum Deutschland – Bernd Isert, Unterlagen zur Systemischen Coaching Ausbildung*

KUMBIER, Dagmar:
*Sie sagt, er sagt. Kommunikationspsychologie für Partnerschaft, Familie und Beruf, Rowohlt Taschenbuch Verlag, 2006*

LAHNINGER, Paul:
*leiten präsentieren moderieren, Ökotopia Verlag, Münster, 1998*

LEIS, Hermine:
*Der Elefant von Parma, HLCD Verlag, 2005*

OBOTH,Monika:
*Echt geht vor Perfekt, Kommunikation & Seminar S.27, 2008*

RADATZ, Sonja:
*Beratung ohne Ratschlag. Systemisches Coaching für Führungskräfte und BeraterInnen. Verlag Systemisches Management. 2000Reinfahrt, W., Scherpner, M.: Der Elefant. Texte für Beratung und Fortbildung. Lambertus, 1993 , 3. Auflage*

ROSENBERG, Marshall B.:
*Gewaltfreie Kommunikation. Eine Sprache des Lebens. Junfermann Verlag, 2007*

SCHERPNER, Reinfahrt, W./ M.:
*Der Elefant, Texte für Beratung und Fortbildung. Lambertus, 1993, 3. Aufl.)*

SCHMIDT, Thomas:
*Konfliktmanagement-Trainings erfolgreich leiten. Der Seminarfahrplan. managerSeminare Verlags GmbH, 2009, 3. Auflage*

SCHMIDT, Thomas:
*Kommunikationstrainings erfolgreich leiten. Der Seminarfahrplan. managerSeminare Verlags GmbH, 2006, 7. Auflage*

SCHULZ VON THUN,
Friedemann:
*miteinander reden:*
*Störungen und Klärungen,*
*Argon Verlag GmbH, 2013*

SCHULZ VON THUN,
Friedemann:
*Miteinander Reden 1-3,*
*Rowohlt Verlag, 2009, 47*
*Auflage*

SIMPLIFY YOUR LIFE:
*einfach und glücklicher*
*leben. Monatshefte,*
*Orgenda Verlag für*
*persönliche Weiterent-*
*wicklung, 2006- 2014*

STANGASSINGER,
Karin und Prof. Dr. Gräfin
von DEYM-SODEN,
Benedikta:
*Desosta – Deym-Soden*
*Stangassinger GBR, Unter-*
*lagen zur Mediationsaus-*
*bildung 2008*

THOMAS, Kenneth W.:
*Introduction to Conflict*
*Management: Improving*
*performance using the TKI,*
*Consulting Psychologists*
*Press, 2002*

WATZLAWICK, Paul,
JANET H. Beavin, DON D.
Jackson:
*Menschliche Kommunika-*
*tion. Huber Bern Stuttgart*
*Wien 1969, 2.24 S. 53*

WATZLAWICK, Paul:
*Vom Schlechten des Guten,*
*Piper Verlag, 2005*

WERNER, Cornelia,
HILLMER, Angelika ,
MEUKOW, Sally:
*WeltN24 GmbH, Was*
*bei der Liebe im Körper*
*passiert*

WOLF, Karin:
*Stressfrei. Wege zu Ruhe*
*und Gelassenheit, tausend-*
*schlau Verlag – Olga Bien,*
*2012*

# DIE AUTOREN

## Rosi ESTERHAMMER

*Zertifizierte Mediatorin BM®, Systemischer Coach, Trainerin im Bereich Kommunikation und Konflikt, Moderatorin, Autorin, Fortbildungen in Aufstellungsarbeit, Biografiearbeit und Mimikresonanz*

Weitere Infos unter www.rosi-esterhammer.de

Das Seminar zum Buch:
Nähere Informationen finden Sie auf unserer Webseite
www.schatz-du-nervst.de

## Peter KUDER

*Coach, Trainer im Bereich Kommunikation und emotionale Intelligenz, Possibility Manager, Autor*